# 아직도 그런 말을 하세요?

# 아직도 그런 말을 하세요?

## 마땅히 불편한 말들

미켈라 무르지아 지음 | 최정윤 옮김

내가 지금 설명해줄게

엄마는 위대하다

그러다 결혼도 못 해

당신 이름이 뭐라고요?

조용히 하세요

여성의 적은 여성

무슨 말을 못 하겠네

말투가 틀렸어

나는 남성우월주의자가 아닙니다

여자는 이미 어디에나 있잖아

비전코리아

라파엘레, 이냐치오, 마우로, 브루노를 비롯해
침묵을 깬 모든 이에게 바칩니다.

# 차례

# 1장

## "조용히 하세요"

조용히
하세요

2020년 5월, 에도아르도 부포니와 공동으로 진행하는 라디오 방송 〈라디오 캐피털〉에 정신과 의사 라파엘레 모렐리가 초대 손님으로 참석했다. 이날 방송에서는 성차별의 소지가 다분했던 그의 과거 발언이 집중 조명됐다. 모렐리는 오해라면 분명히 해명해야 할 자리에서 되레 쐐기를 박고 말았다. 나는 사회자라는 본분에 충실해 그에게 납득할 만한 설명을 재차 요구했다. 이로 인해 거센 후폭풍이 불어닥칠 줄은 전혀 예상하지 못했다. 모렐리는 완전히 이성을 잃고 내게 소리를 버럭 질렀다.

"조용히 해! 조용히! 잠자코 들어! 내가 말할 때 끼어들지 말라고!"

이날 영상은 한동안 사람들 입에 오르내릴 정도로 화젯거리가 됐으며 아직도 인터넷에 떠돌고 있다. 언론은 신경이 과민한 남자가 여성에게 반박당했다는 사실에 격분한 나머지 전대미문의 사건이라도 저지른 듯이 여론이 떠들썩했다.

방송 중에 여성에게 침묵을 강요한 모렐리의 행동은 아무리 낙관주의자라 할지라도 용인하기 결코 쉽지 않았을 테다. 2008년 뉴스 채널 〈Sky TG24〉에서 당시 국방부 장관이던 이냐치오 라 루사가 《우니타》[1]의 편집장을 지낸 언론인 콘치타 데 그레고리오에게 무례하게 소리치며 독설을 퍼부은 사건이 있었다.

"이봐요, 콘치타 씨! 난 전사자들을 이용하지 않아요. 부끄러운 줄 알아요! 고상한 얼굴을 한 채 그런 식으로 전사자들을 운운하지 말아요! 알았어요? 무식하기 짝이 없군요! 부끄러운 줄 알라고요. 콘치티나! 어디 그런 얼굴로! 목숨을 잃은 병사들을 입에 담아요……. 부끄러운 줄 알아요! 나요, 난 그들의 노고를 아니까 말할 수 있는 거요!! 입 다물어요! 그 입 좀 틀어막으라고요! 부끄럽지도 않나, 콘치타! 부끄럽지 않냐고! 그런 말은 꺼내지도 마요. 입 다무는 게 당신이나 《우니타》 신상에 좋을

---

1  《우니타(Unità)》는 1924년 안토니오 그람시가 창간한 이탈리아 정치 신문이다.

거요! [⋯] 입 다물고 이래라저래라하지 마요. 짜증 나니까."

　나와 모렐리 사이, 데 그레고리오와 라 루사 사이에 일어난 두 가지 사건에서 대화 도중 여성에게 침묵을 강요한 태도뿐 아니라 어휘 변화에 주목할 필요가 있다. 대화 초반만 해도 도를 넘지 않는 존칭을 사용했지만, 한순간 상대를 깎아내리는 반말 투로 바뀐다. 라 루사는 조롱 섞인 어조로 데 그레고리오를 "콘치타"라고 부르다가 감정이 격해지자 버릇없는 어린아이 타이르듯이 "콘치티나"[2]라는 애칭을 사용했다.

　2020년 9월, 〈카르타비앙카〉 방송 중에도 언론인 비앙카 베를링구에르와 작가 마우로 코로나 사이에 이와 비슷한 일이 있었다. 사회자인 베를링구에르는 코로나가 특정 브랜드를 계속해서 언급하자 말을 가로막으며 자제하도록 권고했다. 그러자 코로나가 대뜸 쏘아붙이기 시작했다.

　"이봐요. 비앙키나, 이런 제기랄. 때려치워! 좀 닥치시지, 암탉 주제에!"

　이 말은 지소사를 사용한 데에다 상대를 동물에 비유했으므로 깎아내리려는 의도가 명백하게 드러난다. 풍자를 이용한 모

---

2　이름 뒤에 작은 것을 의미하는 접미사를 붙여(이를 지소사라고 함) 애칭의 의미로 변환한 경우다.

욕적인 발언이다. '비앙키나'는 실제로 옛날에 농가 마당에서 기르던 암탉에게 흔히 붙이던 이름이다. 이탈리아 매체가 여성에게 침묵을 강요한 일은 상당수에 달하는데 모두 공통된 특징이 있다. 바로 "조용히 해."라고 말하는 것이다. 말할 수 없이 무례하고 다분히 성차별적인 발언이다. 여성만이 표적이 되는 일방적인 현상이기 때문이다. 여성이 공개석상에서 남성에게 침묵을 강요한 전례는 찾으려 해도 괜한 헛수고에 그치고 말 것이다.

"조용히 해"라는 말의 숨은 뜻은 무엇일까? 유독 수위 높은 발언과 고성이 오가는 프로그램이 난무하는 이탈리아 방송에서 여성의 목소리가 조금 커졌기로서니 이렇게 폭력적이고 노골적인 반응이 나올 수 있는 걸까? 놀랍게도 모렐리 교수와 전국방부 장관 라 루사는 각각 라디오 방송과 정치 토크쇼에 여전히 출연 중이다. 한편 베를링구에르가 묵인하고 넘어갔더라면, 코로나는 프로그램에서 퇴출당하고도 만행을 저지른 방송사를 아직도 기웃대고 있을 것이다.

"조용히 해"라는 발언에 대한 비판적인 여론은 어째서 이토록 미미할까? 여성과의 논쟁에서 충분히 일어날 만한 지극히 정상적인 반응이라고 생각하는 사람도 많을 것이다. 여성이 의견을 제시하고 남성의 견해에 반론을 제기할 수도 있다는 것을 참기 힘들 정도로 불편하게 여기는 남성(또한 여성)이 여전히 많은 모양이다. 따라서 남성에게 반박했다가는 그에 따른 대가를 감당해야 한다.

"당신이 그를 자극했잖아."

모렐리 교수와 갈등이 있었을 무렵 내가 들었던 말이다. 난 그의 말에 그저 이견을 제시했을 뿐이라고 생각했는데, 이 사회에서는 여성이 생각을 표현하고 문제 제기하는 것이 아직도 터부시된다는 것을 깨달았다. 반론을 제기하는 여성은 '물의를 일으키는' 사람이 되어 버린다. 다른 건 잘도 넘기면서 의견이 엇갈리면 비난을 일삼는다. 가수가 이민자에 대해 무슨 할 말이 있어? 조용히 하고 노래나 불러. 글 쓰는 작가가 정부의 팬데믹 대응 전략에 왜 이래라저래라야? 조용히 하고 글이나 써. 배우가 기후변화 위기 대응 공동 성명에 웬 참견이야? 당신은 입 꾹 다물고 영화 촬영할 때가 가장 보기 좋아.

의미론적 측면에서, 말하는 여성을 묘사하는 표현은 대부분 모욕적이다. 여성은 말만 하면 수다쟁이, 입이 가벼운 사람, 가십을 즐기는 사람이 된다. 반박하면 우쭐대고 시끄럽고 저속하고 드센 사람이 된다. 방금 언급한 표현들은 높은 어조의 목소리를 가리킬 때 사용되는데, 여성의 목소리가 남성의 목소리보다 귀에 거슬린다는 의미를 내포한다. 남성들이 모이면 포럼이 되고, 여성들이 모이면 닭장이 된다. 코로나가 베를링구에르에게 '암탉'이라고 말한 것도 바로 이러한 이미지가 반영된 결과다. 우화로 비유하면 젊은 여성은 암탉이고 나이 든 여성은 까마귀이다. 젊건 나이가 들었건 여성의 목소리는 하나같이 신경을 거슬리게 하는 것으로 평가 절하되고 만다.

사회적으로 인정받는 여성은 연설이나 발표와 관계없는 예술 분야에서 활동하는 과묵한 사람들이다. 실질적으로 헌법이 발언권을 보장하므로 남녀를 막론하고 표현의 자유를 누릴 권리가 있다. 온라인 토론장에서 여성의 발언 기회는 남성보다 현저하게 적다. 이탈리아 매체에 등장하는 전형적인 여성의 이미지는 과묵함이다. 우리는 국민적 인기를 누리는 산레모 가요제에서 여성들을 대동하고 농담을 일삼는 남성들을 수십 년간 보아 왔다. 한껏 치장하고 나온 여성들은 남성의 농담에 그저 웃기만 한다. 대사 한 줄 없는 미모의 벨리나[3]는 상당히 많은 방송에 출연하며 이렇다 할 명분 없이도 오랫동안 자리를 지키고 있다. 한편 남녀 모두가 자유로이 출연할 수 있는 토크쇼에 여성이 등장하는 경우는 별로 없다. 나온다 해도 그건 여성의

---

3  '미모의 젊은 여성'을 뜻하며 선정성과 여성의 상품화 논란에도 다양한 이탈리아 방송에 등장한다.

능력과는 별개의 이유 때문이다. 성별에 따른 불공평한 발언 기회는 수십 년간 이탈리아 시청자들에게 남성은 곧 권위이고, 여성의 생각은 정당성을 입증해야 할 예외적인 것으로 각인시키는 결과를 초래했다.

여성이 사회자로 등장하는 경우는 극히 드물다. 대개 여성 사회자는 시간과 주제를 재량껏 결정할 권한이 있지만, 남성 초대 손님의 권위가 돋보이게끔 대답을 이끌어 내는 안주인 역할에 그친다. 이탈리아에서 지난 3년간 여성 사회자가 진행한 토론 방송을 분석하면 언론인, 철학자, 작가, 정치인, 과학자와 같은 저명한 초대 손님들은 대다수가 남성이었다. 오직 남성만이 복잡한 세상에 해결책을 제시할 만한 열쇠를 지녔다는 듯이 말이다. 정장과 넥타이 부대가 쌓아 올린 벽 뒤에서 여성이 의사를 표현하려 하면 짜증과 오만만 돌아올 뿐이다. 전혀 놀랍지 않다. 그나마 거들먹거리는 태도는 봐줄 만하다. 최악은 당연하다는 듯 침묵을 강요하며 적대감을 드러내는 것이다.

여성에게 침묵을 강요하는 문화적 배경에는 종교도 한몫한다. 세상의 모든 신권 정치는 여성이 공개석상에서 침묵하도록 요구한다. 바울이 쓴 성차별적 내용이 담긴 구절 탓인지 기독교에서는 수 세기 동안 관행적으로 여성의 집회 연설을 금기시했다. 연설은 곧 힘을 나타내므로 일신교에서는 여성에게 힘을 실어 주는 것을 항상 문제시했다. 2020년 크리스마스 특집 사설에서 한 권위 있는 일간지의 기자가 갑자기 신학자라도 된 양 이렇게 말했다.

"우리가 좋아하는 유일한 페미니즘은 성모 마리아의 침묵이에요. 성모 마리아는 젊고 소박하며 다정한 어머니죠. 그녀의 눈물은 절대로 징징거림이 되지 않아요. 내면의 성찰이 얼마나 중요한지 일깨우죠."

침묵은 미덕이다. 하지만 여성의 침묵만 미덕이 된다. 아무도 남성에게는 속으로 생각하라고 강요하지 않는다. 오히려 속마음을 드러내라고 부추긴다. 그래서인지 남성들은 충분히 생각하지 않고 말을 내뱉는 것을 당연시한다. 반면에 여성에게는 성모 마리아처럼 무언의 사고 과정을 거치도록 강요한다. 전통주의적 성서 해석을 보면, 베들레헴 구유에서 골고다에 이르기까지 평생 딱 한순간 입을 열고 줄곧 침묵을 지켰다는 이유로 성모 마리아가 과묵의 대명사로 인식됐다.

성차별성이 담긴 베네토 지역의 옛 속담을 보면, 이상적인 여성상은 '**아름답고 조용하며 집에 머무는 여성**'이다. 이러한 생각은 지금도 많은 사람의 의식을 지배하고 있다. 이처럼 직접적으로 침묵을 강요하지 않더라도 교묘하게 암시를 주는 표현도 많다. 다음은 흔히 접할 수 있는 예시들이다.

## 가르치려 들지 마라

이탈리아 남성들은 초등학교 선생님 같은 여성들의 태도에 대해 실로 강력한 트라우마를 가지고 있다. 타당한 근거로 문제를 명확하게 설명하는 여성을 보면, 남성은 곧바로 초등학교 교실로 소환된 느낌이 든다. 반바지를 입고 책상에 앉아서 선생님이 빨간 펜으로 채점하는 것을 지켜보는 듯한 기분이 들 정도로 트라우마가 심각하다. 동시에 침착하게 생각을 표현하는 여성은 남성을 어린아이로 변신시키는 흑화 마법에 성공한다. 그러면 남성은 공격적이고 유치하게 반응하는데, 퇴행을 인정하는 꼴이다. 이런 정신적 문제라면 대개는 정신건강의학과에 가야 하지만, 이탈리아에서는 이사회에서 중책을 맡을 기회를 잡는다. 여성 임원이라곤 찾아볼 수 없는 이사회에서 말이다.

## 여성 사회자

남성 우월주의자가 도처에 잠재해 있는 문화에서 자주 사용되는 표현으로, 자신이 성차별주의자임을 인정하기 부끄러울 정도로 꽤나 좌익 성향이 강하다. 어떻게 하면 정치적 균형을 지키며 성차별주의자임을 드러내지 않을 수 있을까? 어렵지 않다. 페스티벌이나 라디오·TV 방송, 주제별 콘퍼런스 프로그램을 기획할 때 여성을 사회자로 캐스팅하는 것이다. 그녀는 매개자로서 두 가지 역할을 수행하는데, 중앙에 앉아 무대를 이끄는 척하면서 남성 대화자에게 재치 있게 미리 합의한 질문을 한다. 남성이 무대를 독점한다는 인상을 주지 않는 것이 중요하다. 이때 끼어들거나 반박해서는 안 된다. 매개자는 주최 측이 페미니스트들에게 "여성 출연자도 있잖아요." 하고 반박할 수 있는 명분이 된다. 남성의 발언을 잠자코 듣고만 있는 역할일지라도 상관없다.

## 당신이 언제나 옳아

누구든 이 말을 들으면 이처럼 대답할 것이다. 토론하거나 자기 입장을 변호해야 할 상황에서 틀리고 싶은 사람이 누가 있을까? 누구나 철저한 논리를 바탕으로 상대를 설득하고 싶어 한다. 논쟁이 시작되는 순간 일어날 수 있는 상황적 가설은 두 가지다. 상대방에게 "당신이 틀렸어요. 봐, 내가 뭐랬어요." 라고 말하며 승기를 잡거나 "당신이 이겼어요."라고 말하며 겸허히 패배를 인정하는 것이다. 하지만 여성은 남성과 토론할 때 오히려 훌륭하게 변론한다는 이유만으로 비난받는 일이 허다하다.

　여성이 남성의 심기를 건드리지 않으려면 자주 틀려야 하고, 옳은 말을 하더라도 매번 옳아서는 안 된다.

# 2장

# "여자는 이미
# 어디에나 있잖아"

# 여자는 이미 어디에나 있잖아

"동그라미 놀이로 뭘 보여주고 싶은데?"

2018년 5월 초부터 이탈리아 주요 일간지 두 종을 펼쳐 놓고 1면에 여성 필자가 과연 몇 명인지 세어 보았다. 그러자 남녀를 막론하고 많은 사람이 이같이 질문했다. 6개월 동안 매일 아침 《라 레푸블리카》와 《코리에레 델라 세라》의 기사를 보며 여성이 쓴 글에는 빨간색, 남성이 쓴 글에는 검은색 동그라미를 친 다음 사진을 찍어서 SNS에 올리고 '#전부남자'라는 해시태그를 달아 각 언론사 편집장들을 태그했다. 의도는 아주 단순했다. **여성이 어디에나 있다는 건** 사실이 아니라는 것을 증명하고 싶었다.

여성이 각 분야에 진출해 있다는 주장은 근거 없으며 수많은 클리셰를 낳는다. 성비가 균등할 것으로 예상했던 분야에서도 불균등 현상이 나타나는 것을 지적하면(압도적 차이가 나타나기도 함) 어김없이 이런 말을 듣는다.

"이제 장벽은 없어, 당신들은 이미 모든 분야에서 자리를 꿰차고 있잖아. 경찰도 될 수 있어 (정말이야), 그러니까 더는 아무것도 요구하지 마."

속뜻은 이렇다.

"여성 할당제 들먹이면서 짜증 나게 굴지 마. 당신들 할머니 말이 맞을지도 몰라. 하지만 지금은 싸움을 멈출 때야. 남녀가 평등한데 젠더 갈등이 웬 말이야."

여기에 조롱과 협박 섞인 말투로 이렇게 덧붙이는 이도 있다.

"그렇게 따지다가는 결국 남성 할당제가 필요한 날이 오겠군."

정말 그럴까?

결코 그렇지 않다. 하지만 공개 토론에서 나의 자료가 공신력 있는 증거로 채택되기는 어려워 보인다. 평등이라는 말이 얼마나 허울뿐인지 수치로 정확하게 증명할 수 있는데, 일상에서 숫자와 백분율을 제시하기란 쉽지 않다. 그러나 이탈리아 통계청(Istat)이 해마다 발표하는 **성별 격차**에 관한 객관적 지표를 보면 아무도 여성이 곳곳에 진출해 있다는 거짓을 퍼트릴 생각을 하지 못할 것이다. 그런데도 루머가 끊이지 않는다면, 사람들이 숫자를 두려워하거나 숫자 읽는 법을 모르거나 통계 자료를 신뢰하지 않는다는 의미이다.

2018년부터 신문 필자들의 성별을 파악한 이유는 이렇다. 신문은 집에서든 카페나 사무실에서든 하루에 한 번은 손에 잡는 친숙한 매체로, 1면에 담을 수 있는 분량은 한정되어 있다. 이 단순한 작업을 통해 여성 필자의 비율뿐만 아니라 기사의 유형도 파악할 수 있었다. 여성 필자가 극소수인 것은 물론이고 대부분이 비정규직이라는 사실도 알게 되었다. 1면에서 여성이 쓴 글은 대부분 여성 살해나 성폭력, 임금 불평등과 같은 '여성 관련' 제도나 이슈에 관한 기사였다. 남성 전문가 인터뷰를 빼면 여성들이 직접 쓴 정치나 경제 관련 기사는 없었다. 전적으로 여성의 능력이 발휘된 글은 하나도 없었다는 의미이다. 6개월간 두 종의 신문을 중심으로 수치를 파악한 결과, 여성이 쓴 사설은 정치나 국제 경제 분야의 여성 권위자나 노벨상 수상자 또는 외국 여성 총리의 글을 번역해 옮겨 놓은 것이 유일했다. 더욱이 이탈리아 여성의 글은 찾을 수 없었다.

필자의 성비를 파악한 지 얼마 지나지 않아 주변에서 나타난 반응은 세 가지 유형으로 압축된다. 남성들의 빈정거림, 여성들의 회의적인 태도, 불편함을 감추지 못하는 언론. 대다수가 이런 조사는 분란만 조장할 뿐이며 실질적 목적의식이 없다고 비판했다. 매일 아침 눈으로 직접 보면서도 주요 언론 매체에서 나타나는 성별 불균형의 심각성을 깨닫지 못하는 사람이 나날이 늘었다. 그러던 몇 주 후 놀라운 일이 벌어졌다. 수십 명이 다양한 신문과 TV 방송 등 남성 위주의 여러 매체에서 성비를 조사한 결과를 SNS에 공유하기 시작했다. 이러한 현상은 장장 2년간 이어졌고 여성이 어디든 진출해 있고, 심지어 상당수에 달한다고 호언장담하던 주장들을 정면으로 반박하며 큰 반향을 불러일으켰다.

성비를 파악하는 작업은 사회적 생물 다양성, 즉 사회의 공정성 정도를 한눈에 보여주므로 의미 있고 혁명적이다. 그래서 분야별 여성의 존재 유무를 항상 확인해야 한다. 여성 전문가는 없나요? 여성 책임자는요? 이 시나리오에는 여자 주인공이 없어요? TV 방송, 콘퍼런스, 토론회, 각종 축제, 프로젝트팀, 정부 및 행정조직, 선거인 명부, 사법 및 법 집행기관, 기업의 이사회, 시상식, 정당 회의, 주요 병원, 대학, 극장, 언론사, 박물관, 스포츠 단체, 과학기술 단체의 이사회와 관련 프로젝트 등 분야를 막론하고 이렇게 의문을 던져야 한다.

여성의 비율을 확인해 본 결과, 성별 불균형 현상이 적나라하게 드러났으며 기회가 공정하게 주어지고 있다는 기존의 인식도 처참히 무너졌다. 성비를 따지는 것을 중단하거나 아예 시도조차 하지 않는 것은 사회 전반에 여성 인력이 부재하건 말건 상관없다는 뜻과 같다. 하루아침에 현실을 바꿀 수는 없지만, 다수가 변화의 필요성을 느끼지 못하면 지금의 현실은 더욱 굳어질 것이다. 여성이 중요한 존재가 되려면 이러한 작업이 계속되어야 한다.

**성별 격차**를 완강히 부인하던 사람들도 수치화된 명백한 증거 앞에서는 "여성은 이미 어느 분야에나 있어."라는 말을 꺼내지 못할 것이다. 하지만 여성의 부재를 정당화할 변명거리를 끊임없이 찾을 것이다. 다음은 그동안 익히 들어 온 애처로운 변명들이다. 다시는 듣고 싶지 않은 말들을 몇 가지 정리했다.

## 여성의 수가 적다는 건 사실이 아니야

남성이 가장 처음 보이는 반응은 증거를 부정하는 것이다. 명백한 수치로 이를 충분히 잠재울 수 있지만, 진짜 문제는 따로 있다. 여성 인력의 비율이 현저히 낮다는 현실조차 인식하지 못하는 것이 가장 심각한 문제이다.

## 내용이 중요하지 누구의 아이디어인지는 중요하지 않아

이 말대로라면 이 나라의 남성들은 언제나 여성들보다 훨씬 뛰어난 아이디어를 창출해 낸다는 결론에 이른다.

## 여성이라는 이유로 참여 기회를 얻는 것은 모욕적이야

단지 여성으로 태어났다는 이유로 참석자 명단에 포함되길 바란다는 말은 다분히 모욕적이다. 여성이라는 이유로 참여 기회를 요구할 사람은 아무도 없으니까. 여성도 대단히 매력적인 주제를 가졌고 남성과 마찬가지로 발언권이 있다. 그런데도 토론의 장에 열에 아홉은 여성이 아닌 남성을 초대하는 것은 크게 두 가지 의미다. 실제로 해당 남성들이 여성들보다 실력이 뛰어나거나, 남성들을 초대하는 사람들이 그렇게 믿고 있거나.

## 그러면 성소수자 할당제,
## 외국인 할당제를 비롯해 별의별 할당제가 다 필요하겠네

이 주장에는 치명적인 오류가 있다. 여성은 사회문화적 범주가 아니라 인류의 절반을 차지하는 구성원인데, 여성을 소위 정상에서 벗어난 변형 정도로 생각하는 것이다. 여기에는 남성은 사람이고 여성은 그저 '여성형'이라는 생각이 담겨 있다. 다시 말해 여성은 여성의 성별을 대표하는 개별적 존재인 반면, 남성은 그 자체로 기준이 되며 LGBTQI+[4]를 비롯해 다양한 인종과 장애인 모두를 대표한다. 즉 남성이 있어야 비로소 인류가 완전체가 된다는 논리이다.

## 남성에 버금가는 권위 있는 여성은 없어

권위가 타고나는 것이라면 이 말이 사실이겠지만, 태어나자마자 권위를 부여받는 사람은 없다. 권위는 당신의 말이 얼마나 흥미로운지, 또 얼마나 많은 사람에게 영향을 끼치는지 그 가능성에서 기인하는 것이다. 하지만 남성의 권위는 오랜 시간 여성에게는 허락되지 않았던 무수한 기회를 바탕으로 구축되었다. 남성들에게만 표현의 기회를 주는 것은 결국 남성들의 생각만이 뛰어나다는 편견을 굳건히 할 뿐이다.

---

4   레즈비언, 게이, 양성애자, 트랜스젠더, 성정체성 의문자, 무성애자들의 앞 글자를 딴 것으로 성 소수자들을 이르는 말.

## 여성들이 거부하잖아!

사실이다. 수많은 행동 연구에 따르면 여성들은 자칫 부족한 능력으로 말미암아 일을 그르칠까 봐 신중한 태도를 보이며, 자신 없으면 아예 나서지 않으려는 경향도 있다. 반면에 무능력한 사람이 자신을 과대평가하는 더닝 크루거 효과[5]에 훨씬 영향을 받는 남성들은 전혀 망설이지 않고 일을 떠맡는다. 거절당하더라도 별일 아니라는 듯 다른 일을 찾아 나선다. 자신이 거절당했다고 해서 성별 전체가 거부당했다고 생각하는 사람은 결코 없다.

## 이런 주제를 연구하는 여성은 드물어

사실이 아니다. 글을 쓰고 사고하고 연구하며 토론하는 유능한 여성이 결코 남성보다 적지 않다. 하지만 프레젠테이션이 많은 곳에서는 여성 비율이 현저히 낮다. 남성들은 같은 남성

---

5  더닝 크루거 효과(Dunning-Kruger effect)란 인지 편향의 하나로, 능력이 없는 사람이 잘못된 결정을 내려 잘못된 결론에 도달하지만, 능력이 없으므로 실수를 알아차리지 못하는 현상을 가리킨다. 따라서 능력이 없는 사람은 자신의 실력을 실제보다 높게 평가하는 환영적 우월감을 갖는 반면, 능력이 있는 사람은 자신의 실력을 과소평가하는 환영적 열등감을 가진다.

의 능력만을 신뢰하는 경향이 있으며, 남성 중심 체제에 익숙한 여성들도 이 같은 맹목성을 보인다. 따라서 여성의 부재를 초래한 장본인은 여성이고, 사실상 이 또한 페미니즘의 결과라고 말한다. "여성이 같은 여성들을 배제한다면, 여성끼리도 서로 무능력하다고 생각한다는 뜻이야."라고 말이다.

## 여성들은 그럴 만한 능력이 없어

이 말을 자신 있게 할 수 있는 사람이 있다면 용기에 박수를 보낸다. 지극히 차별적인 잣대로 여성의 지적 노동 능력을 판단한다는 것을 인정하는 셈이니까. 하지만 이러한 차별에 이르게 한 책임은 정작 남성 우월주의가 아닌 여성에게 떠넘긴다. 인종 차별주의자의 변명과 유사하다.

"인종 차별주의자는 내가 아니라 저기 저 깜둥이들이야."

## 여성 할당제를 지키는 것은 엄청난 시간 낭비야

초대장을 보내고 나서 '여성은 몇 명이었더라?'라고 확인하는 것은 엄연한 시간 낭비이다. 초대한 여성들이 여성의 시각이 아니라 여성이라는 성별을 대표하며, 형식적인 정치적 형평

성을 과시하는 데 필요한 증거일 뿐이라고 생각한다는 뜻이다. 이런 식으로 행사를 기획하는 것은 무척 피곤한 일이다. 하지만 잘못은 여성이 아니라 남성 우월주의에 있다. 이 사회에 여성이 존재하고 이들도 사고한다는 사실을 매번 떠올리기 힘들다면, 그런 남성들 사이에서 배제당하지 않으려고 매일같이 고군분투하는 여성은 훨씬 더 힘들 것이다.

### 주체는 전부 여자잖아!

남성 참석자로만 구성된 행사를 기획한 배후가 여성이라고 말하는 사람에게는, 이것이 바로 여성이 부수적 성격을 띠는 존재로 대우받는 실상을 반증한다고 반박할 수 있다. 여성이 행사를 기획한 주체든 아니든, 이러한 사실로 여성의 부재를 정당화하기엔 역부족이다.

# 3장

# "당신 이름이 뭐라고?"

## 대체 뭐가 문제인데?

## 당신 이름이 뭐라고?

2020년 10월 미연방 하원 의원인 알렉산드리아 오카시오코르테스가 트위터에 이런 글을 남겼다.

"공화당 의원들은 토론회에서 자신들이 얼마나 여성 의원들에게 무례한 짓을 저지르는지 알고 있을까? 이들은 연방의회 여성 의원들을 이름과 별명으로 부르는 것을 서슴지 않으면서도 남성 의원들을 부를 때는 반드시 직함과 성을 사용한다. 여성들도 알고 있다. 이는 많은 것을 시사한다."

나는 그녀의 글을 읽고 한편으론 부러웠다. 미국에서 여성을 격의 없이 이름으로 부르는 것은 분명 보수주의자들의 구어 습관에서 비롯된 현상이다. 오카시오코르테스가 이탈리아에서 한 달간 살아 보면, 이데올로기나 사회적 지위, 능력 여하와 상관없이 신문 기사 제목에서든 회사에서든 분야를 막론하고 여성이 성이나 직함으로 불리는 것이 실제로 불가능하다는 걸 알게 될 것이다.

이탈리아인 눈에 사회적 지위가 높은 여성은, 언어적으로나마 만만한 상대로 만들어 버리지 않고는 못 견딜 정도로 무척 이질적인 존재로 비치는 것 같다. 병동에서 여성 의사는 아직도 "의사는 어디 있냐"는 질문을 받는다. 남성 동료가 직함으로 불릴 때 여성 변호사는 'miss'라는 호칭을 감수해야 한다. 여성 우주 비행사는 '우주 비행사 사만타' 아니면 '엄마 우주 비행사'로 불리지만 남성들은 이름과 성, 계급으로 불린다. 국가 행정과 정부 기관에서 높은 지위에 있는 여성, 특히 젊고 매력적인 여성일수록 이런 일을 흔하게 경험한다. 보스키와 아촐리나, 라지, 아펜디노, 세라키아니, 메로니[6] 외 많은 여성은 자신이 주요 뉴스에서 으레 마리아 엘레나, 루치아, 비르지니아, 키아라, 데보라, 조르지아같이 성도 직함도 아닌 이름으로 불리는 것을 잘 알고 있다.

---

6   차례로 이탈리아 헌법 개혁 장관 마리아 엘리나 보스키Maria Elena Boschi, 공교육부 장관 루치아 아촐리나Lucia Azzolina, 이탈리아 제56대 로마시장 비르지니아 라지Virginia Raggi, 제39대 토리노 시장 키아라 아펜디노Chiara Appendino, 이탈리아 민주당 부통령 데보라 세라키아니Debora Serracchiani, 이탈리아 형제당 대표 조르지아 메로니Giorgia Meloni.

이들은 정부 각 부처에 몸담고 있으며 수백만 명의 주민이 거주하는 행정 구역 및 도시의 발전을 위해 일하고, 20년간 열정적으로 당을 이끌었다. 상당수가 다국적 학위를 보유하고도 한순간에 사촌 동생이자 딸의 친구, 첫 데이트를 앞두고 설레는 소녀로 전락했다. 공적인 자리에서 여성 간부를 이름으로 부르는 이유는 상징적 거리를 좁히고 가부장주의를 내세우기 위해서다. 스스럼없이 반말을 사용하고 권위를 깎아내려서 여성을 아마추어 취급한다. 해당 여성이 자신의 직무를 수행할 능력이 없음을 암시한다.

사회 정체성을 부정하는 행동은 국경도 초월한다. 외국의 여성 정치인들도 예외 없이 똑같은 경험을 한다. 이탈리아 언론은 수십 년간 미국과 독일의 국가 원수를 성을 생략한 채 힐러리와 앙겔라로 불렀으며, 미국 대선에서 조 바이든이 승리하면서 함께 주목받은 여성 또한 부통령이 아닌 카멀라[7]라고 이름으로 불렀다.

그 어렵다는 여성의 성을 발음하는 데 성공하면 이탈리아 언론은 어김없이 성 앞에 정관사를 붙인다. 예를 들면 라 보

---

7  카멀라 해리스Kamala Harris 미국 제49대 부통령.

스키la[8] Boschi, 라 라지la Raggi, 라촐리나l'Azzolina, 라 클린턴la Clinton, 라 메르켈la Merkel. 여성의 성 앞에 정관사를 붙이는 것은 사람을 사물이나 비인격화된 존재처럼 표시하겠다는 뜻이다. 이들이 유령도 아닌데 말이다.

남녀의 이름 앞에 정관사를 붙이는 것은 이탈리아 북부의 오랜 방언 관습이기에 폄하할 의도는 없다. 다만 여성의 이름 앞에만 정관사를 붙이는 일은 없어야 한다. 일 베를루스코니 il[9] Berlusconi, 일 살비니il Salvini, 란드레오티l'Andreotti, 일 코시가 il Cossiga, 일 칭가레티il Zingaretti, 일 디마이오il Di Maio라고 해도 이의를 제기할 사람은 없다. 성을 기준으로 정렬한 명부에서 여성의 이름 앞에만 정관사가 붙어 있다면 차별의 의도가 명백히 드러난다. 특히 정관사를 의식적으로 사용하는 사람은 단박에 눈치챌 것이다. 나는 한 방송 스튜디오에서 신문사 편집장과 대화한 적이 있었다. 그는 고집스럽게 나를 '라 무르지아la Murgia'라고 불렀다. 내가 라 무르지아는 풀리아 지방에 있는 고원이라고 설명하자 얄궂게도 바로 'Mrs.' 호칭을 사용했다. 나는 그의 성을 호칭으로 썼는데 그는 똑같이 대우하는 건 내게 과분하다

---

8  여성 명사 앞에 붙이는 정관사.
9  남성 명사 앞에 붙이는 정관사.

고 생각한 모양이었다.

이런 논란이 있을 때마다 누군가 나서서 이렇게 말한다.

"그런데 남성 정치인도 이름으로 불리지 않는 게 아니잖아요."

그렇다. 사실이다. 권력 불균형이 극에 달했을 때 이름을 사용하는 것은 특별한 효과가 있다. 정치권에서 활동하는 남성들은 합법적이고 강력한 주체이다. 대중에게 노출되는 이미지가 너무 강할 때는 유권자들이 당황하지 않도록 부드럽게 누그러뜨려야 한다. 이름으로 불리는 것은 소매를 걷고 자전거를 타는 것과 같다. 소탈한 이미지로 자신이 공화국 역사상 가장 강한 총리라는 것을 잊게 만든다. 맨가슴에 넥타이만 맨 채 미소 지으며 주간지 표지 모델로 등장하는 것과 같은 원리다. 이런 미소라면 가난한 사람들이 모여 사는 교외 판자촌에 불도저를 보내도 악의를 의심받지 않는다. 정부나 정당의 수장인 권력자라 해도 이름으로 부르면 두려움을 느끼는 사람들을 안심시키고 갈등을 불식시킬 수 있는 친숙한 이미지를 갖게 된다. 권력자들을 지지노, 마테오, 실비오, 쥬세피[10]라고 부르면 호감도가 올라가고 동질감이 생기는 동시에 친숙하며 웃음을 자아내는

---

10   앞에서부터 차례로 이탈리아 외무 장관 Luigi Di Maio, 이탈리아 상원의원 Matteo Salvini, 이탈리아의 제73·78·80대 총리 Silvio Berlusconi, 이탈리아의 제58대 총리 Giuseppe Conte.

존재가 된다. 심지어 섹시하게도 보인다.

　강하고 거친 이미지를 강조하는 여성 정치인은 보기 힘들다. 급진주의 운동에 참여한 적이 있는 엠마 보니노[11]는 성이 아닌 이름을 내걸고 선거 운동을 벌였다. 반면에 유럽에서 가장 오랫동안 총리직을 수행하고 있는 앙겔라 메르켈은 독일 국민에게 'Mutti(엄마)'라고 불리기를 마다하지 않고 그 이점을 충분히 누렸다. 이러한 소위 친근화 과정은 여성이 직접 결정할 때만 의미가 있다. 알렉산드리아 오카시오코르테스는 평소 유권자들이 자신을 이름의 약자를 따서 AOC라고 부르는 걸 알고 이렇게 말했다.

　"AOC는 단체와 유권자들이 붙여 준 이름이므로 저를 AOC라고 불러도 상관없습니다. 단, 공적인 자리에서 동료 정치인들은 '연방 하원 의원'이나 '의원' 등으로 불러 주십시오. 그것이 기본 예의라고 생각합니다."

　직접 선택했거나 동의했다면 상관없지만, 누군가가 당신을 비하하려는 의도로 갖다 붙인 것이라면 권위가 실추될 수 있기 때문이다.

　이름을 다른 표현으로 대체하는 방법도 있다. 이름 자체를 기

---

11　유럽연합(EU) 구호 담당 집행위원.

억에서 지워 버리는 것이다. 이탈리아에서는 공적인 자리에서 여성의 이름을 언급하지 않으려고 온갖 창의력을 동원한다. 이 밖에도 각별하게 주의해야 할 표현에는 어떤 것들이 있을까?

## 소녀들

여성 연구원들이 새로운 바이러스라도 발견한 걸까? 이들이 전국 신문에 '현미경 소녀들'로 소개되었다. 어느 기업의 회의에서 한 남자가 다음에 발표할 여성 동료들을 소개한다.

"이제 소녀들에게 마이크를 넘깁니다!"

마흔이 넘은 나이에도 여성들은 열여덟 살의 소녀가 된다. 소녀로 불리는 것은 당신은 아직도 배울 게 많고, 커피 타는 것부터 시작해야 할 수습사원이자 인턴이며, 귀여운 마스코트 상태로 영원히 남는다는 의미이다.

소녀들은 정규직이 될 수 없으며 임금 인상은 물론이고 승진의 기회조차 없다. 그녀들은 여전히 배우는 중이고 앞으로도 갈 길이 멀기 때문이다. 그 사이 남성 동료들은 프로젝트 리더나 팀장, CEO가 된다. 50세가 되면 아무도 당신들을 '소녀'라 부르지 않는다. 그랬다간 웃음거리밖에 되지 않을 테니까. 당신들은 자격 미달인데도 같은 일을 하며 12%나 높은 임금을 받는 남성들의 지시에 따르며 평생을 보낼 것이다.

## Miss. 혹은 Mrs.

당신이 인생의 4분의 1이라는 시간을 학업에 매진하고 대학을 졸업한 뒤 석사 박사 학위를 따고 다양한 외국어를 습득하며 보냈는데 'Mrs.'나 'Miss.'라는 호칭을 듣는다면, 남성과의 관계에서 당신의 능력보다 결혼 여부가 우선시된다는 뜻이다.

'Mrs.'가 존경의 표시라고 말하는 사람을 믿지 마라. 사회에서는 아무도 학위나 자격증이 있는 남성을 'Mr.'라고 부르지 않으니까. 당신만이 이유도 모른 채 배우자의 유무를 밝혀야 한다. 누군가의 아내나 미혼 여성으로 불리도록 내버려 둔다면 그들에게 당신의 사생활을 침해할 여지를 만들어 주는 것이나 다름없다. 사적 관계가 공공연히 노출되도록 허락한다면 당신의 개인 정보는 그야말로 공공 재산이 되는 것이다. 혼인 여부가 아니라 직업이 당신을 표현하는 수단이 되도록 목소리를 내야 한다.

## 여성 시장

공적 업무에서 여성들을 배제하는 실질적인 방법은 공직명을 성별에 따라 구분하지 않는 것이다. 남성형을 기본형으로 하고 여성형을 예외로 규정한다는 말이다. 그동안 남성들은 여성형 굴절 어미가 문법에 어긋난다고 시종일관 핑계를 댔지만, 뛰어난 여성 언어학자들이 이것이 사실이 아님을 밝혀냈다[12].

언어는 권력 관계를 생성하는 문화적 기반이라 해도 과언이 아니다. 소위 남성형을 기본으로 규정하는 것은, 여성이 남성의 자리를 불법적으로 차지하고 있다고 말하는 것과 같다. 일각에서는 이러한 변칙과도 같은 상황이 그리 오래가지는 않을 것이니 여성형이 따로 필요하지 않다고 주장한다. 하지만 몇몇 여성들이 "진짜 문제는 그게 아니다."라고 단호히 말하면서 직무명사를 성별에 따라 구분하기를 꺼리는 의도의 이면에 성차별 의도가 감춰져(그것도 매우 허술하게) 있음을 밝혀냈다.

### 여왕, 숙녀, 여인

여성 와인 연구가가 이탈리아의 가장 핵심적인 프로세코 와인 저장실을 리모델링이라도 했다는 건가? 신문 기사 제목이

---

12  Vera Gheno, Femminili singolari. Il femminismo è nelle parole, effequ, Firenze 2019.

"물방울의 여인"이라니 기가 막힌다. 교황청에서 중요한 직책을 맡은 여성 금융 전문가를 "바티칸 숙녀"로 소개한다면, 현대 미술관 관장 관련 기사의 제목은 안 봐도 뻔하다. "그림의 여왕"쯤 될 테니까. 그녀의 미술사 학위와 문화유산 관리 학위를 모두 고려한 제목이다. 여성의 이름과 능력은 과장된 제목에 가려 빛을 잃고, 결국 한 가지만 강조된다. 여성이 지휘권을 갖는 것은 상상 속 동화 나라에서나 있을 법한 예외적인 일이란 사실이다. 왕관까지 씌워달라는 말이 아니다. 박사라는 호칭이면 충분하다.

## 한 여성

지극히 성차별적인 표현이지만 역설적이게도 매체에서 가장 흔하게 사용된다. 자궁을 가진 집단체인 여성의 한 사람일 뿐이며, 얼굴도 이름도 없는 어벤져스는 다양한 일을 하므로 정체성을 구체적으로 명시할 필요가 없다는 것이다. 여성이 높은 지위에 올랐다고 해도 누구인지는 전혀 상관없다. 한 여성이 대성공을 거두었다. 한 여성이 사피엔차 대학에 다닌다. 한 여성이 노벨 화학상을 받았다. 베네토 경찰서장은 한 여성이다. 오스카 감독상은 한 여성에게 돌아갔다. 이제 한 여성이 퀴

리날레궁[13]에 갈 차례인가?

　이탈리아 언론은 여성들이 다방면에서 두각을 나타낸다는 사실을 인정하고 싶지 않기에 뛰어난 여성들을 언급할 때 정체성이나 능력, 역할 같은 사실 정보를 은폐하는 표현을 사용한다. 중요한 건 오로지 성별이고, 이러한 성 구별을 성차별이라고 부르는 것이다.

## 핑크

　이름과 직함 떼고 철저히 여성이라는 정체성만 남기는 것이 비인격화의 최종 단계처럼 보이지만 그렇지 않다. 다음 단계는 그마저 핑크색으로 대체하는 것이다. 예를 들어 이러한 표현들을 자주 접할 수 있다. 핑크빛 스트레가, 핑크 만발 주 의회, 핑크 할당제, 핑크 법무장관, 핑크 축구팀, 연한 핑크빛 이사회, 산레모 가요제의 핑크빛 피날레[14]. 이 회사에는 핑크가 없다는 말은, 핑크는 여성이고 여성이 곧 핑크이므로 여성 직원이 없다는 뜻이다. 이 표현이 마음에 들지 않는다면, 그건 해당 여성

---

13　이탈리아 대통령 관저.
14　'여성'이라는 단어를 고정된 여성성을 상징하는 색인 '핑크'로 대체해서 표현함.

이 당신이 아니라서 질투한 탓이다.

**엄마**

　자주 사용되는 표현으로 별도로 연구해야 할 만큼 복잡하고
사회에 악영향을 끼친다. 자세한 내용은 다음 장에 계속된다.

# 4장

# "엄마는 위대하다!"

## 당신들의 그 장점이
## 치명적인 흠이야!

**엄마는 위대하다!**

어릴 적 천 리라짜리 지폐 앞면에 마리아 몬테소리의 초상이 그려져 있었다. 알레산드로 볼타의 초상이 새겨진 지폐 뒷면에는 코모의 볼타 박물관이, 미켈란젤로의 초상이 새겨진 십만 리라짜리 지폐 뒷면에는 그의 정물화가 그려져 있다. 그런데 몬테소리의 얼굴이 있는 지폐 뒷면에는 한 아이가 등장한다. 가부장제 체제가 여성의 미덕으로 유일하게 인정한 유아교육을 최고의 수준으로 끌어올렸다는 의미를 암시한다. 이제는 리라 지폐가 발행되지 않지만 여성을 모성의 피조물로 보는 대중적 인식은 여전히 이 사회에 뿌리를 내리고 있다.

"코로나 타액 검사법, 4명의 엄마 연구원이 개발."

2020년 11월 어린이를 대상으로 코로나바이러스 감염증 여부를 검사하는 진단 검사법이 간소화되었다는 소식이 이탈리아 언론의 주요 기사 제목을 장식했다. 혁명적인 발명은 아니지만 매우 유용한 검사법이었다. 언론사들은 개발자인 4명의 여성이 '엄마'라는 사실을 강조하는 데만 열을 올렸다. 이들은 엄마이기 전에 훌륭한 연구원이었다. 정확한 칭호는 과학자이지만 박사라고 했어도 별문제 없었다. 언론 보도를 살펴보면 그들의 의학적 전문성 대신에 모성의 역할이 부각된 것을 알 수 있다. 마치 과학자가 아니라 평범한 엄마가 이 일을 해낸 것처럼 보도했다. 남성 연구팀장도 있었지만 아무도 그가 부모인지 아닌지 상관하지 않았다. 이들이 엄마라는 사실을 부각시킨 내막은, 남성 과학자의 원동력은 과학이고 여성 과학자의 원동력은 모성 본능이라고 강조하고 싶었기 때문이다. 산업체, 병원, 대학의 연구소에서는 날마다 수백 명의 연구원이 자녀 세대에 도움이 될 만한 과학적 발견을 이루기 위해 애쓴다. 자식이 없는 연구원도 예외가 아니다. 이러한 객관적 사실은 남성은 이성적 존재이고 여성은 관계적 존재라는 최악의 성차별적 편견과 상충한다. 남성은 어떤 **이유** 때문에 일하지만, 여성은 오직 **누군가**를 위해 일한다는 생각이 전제되어 있기 때문이다. 만약 여성에게 원동력이 되는 누군가가 존재하지 않으면, 그녀는 모두가 두려워하는 존재가 된다.

"세리나 윌리엄스와 사랑의 힘: 딸이 있었기에 더욱 인간적일 수 있었다."

남녀불문하고 테니스 역사상 최고의 성적을 올리며 세계에서 가장 영향력 있는 선수로 꼽히는 세리나 윌리엄스가 2018년 이탈리아 언론과 인터뷰를 했다. 기자는 윌리엄스의 뛰어난 신체 능력을 강조하며 그간의 경력과 얼마 전 태어난 딸, 출산을 위해 잠시 코트를 떠났던 일에 대해 질문했다. 마지막 질문에 윌리엄스는 "남편과 딸의 사랑 덕분에 '최고의 선수'가 될 수 있었다."라고 대답했다. 챔피언이 아니더라도 누구든 할 수 있는 흔한 발언이었다. 가족애가 담긴 이 평범한 표현은 의미심장한 기사 제목으로 탈바꿈했다. 모성애가 그녀를 '더욱 인간적으로' 만들었다며 선수가 하지도 않은 말을 인용 부호까지 넣어 강조했다. 기자의 눈에만 이 강인한 여성의 비인간적인 면모가 포착된 것이 분명했고, 괴력에 부드러움을 더해줄 수 있는 모성이야말로 비인간성을 극복할 해결책이라고 말하고 싶었던 모양이다.

"오늘은 한층 더 아름답다. 먹이를 사냥하는 사바나의 암사자 같은 느낌이 아닌 여성스러움이 물씬 풍긴다."

기사는 디즈니 스타일의 클리셰인 맹렬하고 공격적인 이미지에서 벗어나는 방법으로 모성애를 제안하면서 끝을 맺었다.

동물의 세계에서 암컷은 출산한 뒤 더욱 공격적으로 변하는데 암사자가 특히 그렇다. 모성 경험이 여성을 더욱 인간적이고 우수하게 만든다는 생각은, 엄마가 되지 않기로 결심한 여성은 비인간적이며 여성의 삶에서 최고의 성취라 할 만한 부분을 놓치고 만다는 의미를 내포하는 것이나 다름없다. 영향력 있는 여성이 엄마라면, 남성이 권력을 독점하는 것을 늘 지켜본 사람들에게 두려움의 대상이 되지 않는다.

이탈리아 언론은 커리어의 정점에 있는 여성을 강박적으로 '엄마화'하려 한다. 스포츠, 정치, 영화, 경제, 과학, 예술 분야에 이르기까지 화제의 중심에 있는 여성은 남편과 자녀가 있는지, 최고의 자리에 오르기까지 가족의 어떠한 헌신이 있었는지 등의 질문을 받는다. 커리어와 가정의 양립에 관한 질문은 성공한 여성들과의 인터뷰에서 빠짐없이 등장한다. 반면에 성공한 남성에게는 이런 질문을 하지 않는다. 하지만 이 같은 질문을 받더라도 남성들은 일이 우선이라고 차분하게 대답할 것이다. 일을 최우선으로 생각하는 남성은 모든 기업이 바라는 이상적인 CEO의 모습인 불굴의 리더로 여겨지지만, 여성이 똑같은 답변을 하면 무감각하고 무자비한 사람으로 평가된다. 성공한 커리어 우먼일지라도 원동력이 되는 대상이 사라지면 베키오니의 노랫말처럼 "남자 같은 년, 남자처럼 고독한" 여장부로 변화한다.

　"엄마는 위대하다!"라는 말에는 자녀를 갖지 않고 커리어에 집중하기로 결심한 여성을 향한 사회적 비난이 담겨 있다. 출산이 아닌 경력을 택한 결정은 평범하지 않은 것으로 여겨진다. 개인적으로는 성공했을지 몰라도 자식이 없는 이유를 정당화해야 하는 과제가 남는다. 가장 대표적인 사례는 우주 비행사 사만타 크리스토포레티의 일화다. 탑승한 우주선이 국제 우주정거장 도킹에 성공했을 무렵 그녀는 엄마가 되기 전이었고, 이 사실을 강조할 필요가 있다고 생각한 언론들은 '친근감'을 불어넣으려 '우주 비행사 사만타'라고 칭했다. 많은 이탈리아 우주 비행사들은 '우주 비행사'를 나타내는 접두사와 각자의 이름을 결합해 만든 닉네임을 트위터에서 사용했다. 2017년 크리스토포레티가 딸을 출산하자 언론들은 기다렸다는 듯이 앞다투어 이름 대신 '우주 비행사 엄마'로 부르기 시작했다. 그녀의 동료인 루카 파르미타노에게도 자녀가 둘 있었지만 '우주 비행사 아빠'나 트위터 닉네임인 '우주 비행사 루카'라는 이름으로 기사화된 적은 결코 없었다. 남성의 성공은 자녀의 유무와 결부 짓지 않으면서 여성의 성공에 있어서는 자녀를 핵심적인 동기로 간주하는 성향이 드러난다.

　여성이 이성적인 결과를 얻으려면 감성적 동기가 필요하다는 점을 강조하는 현상은 일상 전반에서 나타난다. 이는 무엇보다 남성에게 리더십 특권을 부여하기 위한 것으로 해석된다. 결단력은 냉정함이나 이성, 경쟁력 그리고 때에 따라 무자비함과도 밀접한 관련이 있다고 간주된다. 따라서 감성적이고 관대한 성향을 보이는 여성들은 리더십이 필요한 업무에 적합하지 않다는 결론에 이른다. 여성의 개념을 제대로 파악하지 못했을 뿐더러 리더십을 체력이나 압도적인 통제력, 호전적인 태도와 연관 짓는 경향이 반영된 결과이다. 이 같은 맥락에서 소위 **소프트 스킬**soft skill은 리더십이 아닌 서비스 범주에 속하며 가부장제에서는 여성적인 특성으로 정의된다. 소프트 스킬이란 타인과 협력하는 능력, 동기 부여, 격려, 갈등 해결 능력, 공감 능력 등을 말한다. 이로 인해 남성이 이끄는 대부분의 조직 내부에는 여성들로 구성된 팀이 있으며, 이들은 리더십과 서비스를 혼동한 채 이러한 조직의 일원인 것을 무척 자랑스러워한다. 실질적 권력을 행사할 수 없는 부조종사 역할에 불과한데도 말이다.

이러한 역학 관계를 염두에 두면, 자녀를 둔 엄마가 영향력 있는 위치에 올랐다는 점을 강조하는 것은 중요한 의미를 지닌다. 세심하고 배려심 넘치는 여성의 장점이 직장에서도 빛을 발할 거라는 믿음을 주는 것이다. 이러한 논리에 따르면 여성은 엄마이기 때문에 놀라운 과학적 업적을 이룰 수 있었다는 말이 된다. 하지만 달리 말하면, 훌륭한 엄마일 수는 있겠지만 엄마인 여성이 달성한 성과는 비이성적이고 지극히 개인적 동기에 따른 결과이므로 신뢰할 수 없으며 최악의 과학자라는 의미를 담고 있기도 하다. 여성 연구원들을 이끄는 팀장이 남성이라는 사실은 결코 우연이 아니다. 과학 분야에서 여성 연구원에게 **엄마**라는 프레임을 씌우는 것은 여성 정치인을 **혁명 운동가**로 정의하는 것과 같은 맥락이다. 여성은 본능적인 행동이 필요할 때는 아주 효과적이지만 조직 전체를 통솔할 때는 위험한 존재라는 것이다.

주변 사람들이 당신에게 자녀가 없는데도 엄마다운 행동을 요구할 수 있다. 일하는 여성의 일상 전반에 모성 본능을 전제하는 데에는 어떤 의미가 있을까? 2016년 하이델베르크에서 여러 과학자와 더불어 연구와 윤리의 상관관계에 관해 의견을 나누던 중 그 의미를 알게 되었다. 나는 물리학 연구소 소속 양자물리학자와 유기연구센터장인 생물학자, 천문연구소의 천체물리학자와 함께 일했다. 하지만 독일 암연구센터의 한나 모니어 박사의 연구에서 밝혀진 상황은 일어나지 않았다. 뇌 연구로 라이프니츠 상을 받은 과학자 한나 모니어는 같은 부서 동료와 부하 직원이 상사를 대하는 태도는 타 부서의 동료나

팀장의 태도와 확연한 차이가 있다고 말했다.[15] 한나 모니어 박사의 연구에 따르면 사람들은 무의식적으로 여성 책임자에게 타인의 약점을 공감하는 능력과 유대감을 기대한다. 예를 들어, 여성 부하 직원은 가정 문제로 업무에 차질이 생기더라도 상사가 같은 여성이라는 이유로 정당화될 것이라 믿는다. 남성들도 마찬가지인데, 실수했을 때 남성 상사라면 기대조차 하지 않았을 테지만 여성 상사에게는 너그럽게 이해하고 넘어가주기를 바란다. 만약 원리원칙을 철저히 따진다면, 남성이라면 '결단력' 있는 것으로 해석되는 반면에 여성 책임 과학자는 융통성 없다고 평가받는다. 남성에게 '철저한 프로 정신'이었던 것이 여성에게는 인정사정없는 무자비함이 된다. 모니어 박사는 이러한 현상을 정확히 꿰뚫었다. 직장 내에서 팀을 이끄는 여성에게 **모성애적인 보살핌**을 기대하는 것은 연구의 질을 떨어뜨리는 결과를 초래한다. 하지만 아무도 여성이 보스가 되기를 바라지 않는다. 보스가 되어야 한다면 상냥하고 이해심 많은 엄마 같은 보스여야 한다. 결국엔 무자비한 년으로 전락하고 말겠지만.

---

15  Cfr. AAVV, *Wissenschaft – die neue Religion? Literarische Erkundungen*, Mattes Verlag Heidelberg, Heidelberg 2016.

모성의 특수성이나 여성과 관련된 표현과 단어가 성차별주의 용어 중 상당 부분을 차지할 것으로 예상된다. 대표적인 예를 살펴보자.

## 여성성

여성스러운 승리, 5명의 결선 진출자와 함께하는 여성스러운 밤, 여성스러운 결과, 여성성이 넘치는 팀, 여성스러운 승전보. 이와 같은 표현에서 알 수 있듯이 자녀가 없는 여성은 모성을 부각시킬 수 없으므로 남성과 구별되는 특성인 다정함, 부수적 성격, 장식성의 총체인 여성성의 영역에 국한되어 정의된다. 하지만 여성성은 실재하지 않으며, 고정된 본질이 아닌 사회적 요구에 따라 만들어진 것일 뿐이다. 남성이 이룬 성과는 남성성이 아닌 지성과 응용의 산물이라 하면서 여성의 성과는 여성성에 바탕을 둔다고 명시한다. 이는 여성의 능력을 폄하하고 소위 어머니, 아내, 애인이라고 하는 일차원적 기능만을 부여하는 것이다.

에라스무스 국제 교환학생 프로그램의 창시자 소피아 코라디는 이른바 '교환학생의 엄마'라 불린다. 최초로 코로나바이러스 백신의 기반 기술인 mRNA 기술을 연구 개발한 과학자 커털린 커리코는 '백신의 어머니'로 헤드라인을 장식한다. 놀랄 만한 쾌거를 이룬 여성 창시자, 발명가, 탐험가는 전부 '어머니'가 된다. 남성의 번뜩이는 아이디어는 머리에서 나오고 여성의 아이디어는 자궁에서 나온다는 뜻인가. 부모와 관련된 용어의 탈맥락화는 언어적 성차별의 가장 민감하고 위험한 형태이며, 대부분 어머니와 관련된다. 영국 추리 소설의 이모, 솔 레반테의 딸, 패션계의 자매, 이탈리아 와인의 할머니, 심지어 페미니즘의 손녀라니 사회에서 중역을 맡은 여성들은 보통 직무상의 용어가 아닌 관계적 용어로 정의되는 경향이 있다.

남성이 아버지뿐만 아니라 스승, 창설자, 명인, 후예, 증거 수집가, 행정관으로 묘사되는 곳에서 여성은 어머니가 아니면 대부분 이모, 할머니, 딸, 언니, 손녀가 된다.

## 요리하다, 바느질하다, 반죽하다

가정 내 여성의 전통적인 역할에서 비롯된 이러한 동사들은 실제로 요리나 바느질과 전혀 관계없는 행위에도 번번이 사용된다. 여성이 해 온 일이라는 이유로 꼬리표처럼 붙어 다닌다. 이러한 편견 때문에 벌어진 유명한 일화가 있다. 과학자 에마뉘엘 샤르팡티에와 제니퍼 다우드나에게 2020년 노벨 화학상의 영예를 안긴 유전자 편집법은 이탈리아 신문에서 'DNA 자르고 꿰매기'로 표현됐다. 아무리 대단한 공로를 세워도 결국 스포트라이트를 받는 것은 여성의 본질로 여겨지는 역할, 즉 '주부'인 셈이다.

# 5장
## "남자들이 놀라잖아"
### 당신의 그런 점 때문에!

# 남자들이 놀라잖아

2013년에 나는 사르데냐주 지방 선거에 출마했다. 우리는 소수의 사르데냐 분리독립주의자들로 자금력이 넉넉지 않았지만 커뮤니케이션 능력은 탁월했다. 우리는 진지하게 선거에 임했다. 커뮤니케이션 책임자인 루이지 코코는 영국에서 정치 마케팅을 전공했으며 매사에 아주 명확한 기준을 가지고 있었다. 하루는 그가 우리 집에 방문해 옷장을 열고 선거 운동할 때 알맞은 옷을 선별해 주었다.

"정부 프로젝트를 내걸고 출마하기 때문에 선동을 상징하는 빨간색은 입어선 안 돼요."

가슴을 부각하는 옷도 절대 안 됐다.

"남성들은 환호할 테지만 여성들이 질투한다면, 아무도 우리에게 표를 주지 않을 거예요."

가장 적합한 복장은 정장이었다.

"서구권 선거에서 승리한 여성들 모두 정장 재킷을 입었죠."

대처, 클린턴, 메르켈이 그랬다. 틀린 말은 아니었다.

"파스텔 색조라면 무슨 색이든 상관없어요."

"당신의 대중적 이미지는 공격적인 면이 다소 강해서 톤 다운할 필요가 있어요."

그리고 신문 기사 제목에 **'여성혁명운동가'**라는 단어가 단한 번이라도 등장한다면 여론 조사에서 지지율이 반토막 날 것이라고 단호하게 덧붙였다. 많은 사람이 로자 룩셈부르크[16]식의 선동을 좋아하지만, 정부와 대립하길 바라지는 않는다.

나는 그가 제안한 의상 연출에 반신반의했다. 결국 정장을 입지 않았고 내가 좋아하는 색상을 포기하지도 않았다. 그래서 선거에서 패배했다고는 생각하지 않는다. "선거에서 남성을 승리로 이끄는 요인이 여성에게는 도리어 패배의 요인이 될 가능성이 매우 크다."라는 루이지의 말이 옳다는 걸 마음속으로는 인정했다. 추진력과 결단력, 전투력은 남성 후보자들에게는 강

---

16 독일에서 활동한 폴란드 출신의 사회주의 이론가이자 혁명가로서 폴란드사회민주당과 스파르타쿠스단, 독일공산당 조직에서 핵심적인 역할을 했다.

점이지만, 여성이 그런 모습을 보이면 공격적이고 자극적이며 감당하기 힘든 성격으로 여겨진다. 사람들은 여성에게 친절과 중재 능력, 우아함과 상냥함 그리고 적절한 결단력을 기대한다. 과하다 싶으면 순식간에 초등학교 선생님, 깐깐한 상사, 나쁜 년이 되고 만다.

작가 치마만다 응고지 아디치에는 이러한 이중적 해석을 명확히 설명한 영상으로 한동안 화제를 모았다.

"이 세상에서 남성은 자신감 넘치고 여성은 거만하다. 남성은 타협을 모르고 여성은 짜증을 유발한다. 남성은 자기주장이 강하고 여성은 공격적이다. 남성은 전략가이고 여성은 모사꾼이다. 남성은 리더이고 여성은 통제광이다. 남성은 권위 있고 여성은 독단적이다. 하지만 이는 똑같은 특성의 행동 방식이다. 유일한 차이는 성별이고, 세상은 성별에 근거해 사람을 판단하고 달리 대우한다. 페미니즘을 언급할 때마다 사람들은 언제나 내게 '분노한'이라는 꼬리표를 붙인다. 마치 여성은 화낼 자격이 없다는 양 말이다. 분노는 인간의 고유한 감정이고 주변에는 분노할 만한 일이 많다 […] 따라서 분노의 감정을 표출한다고 해서 시종일관 화를 낸다는 의미로 받아들여서는 안 된다. 정당한 이유로 화를 내는 남성을 화를 잘 내는 사람이라고 하지 않듯이 말이다."

아디치에가 지적한 현상은 이탈리아 사회에서 더욱 심하면 심했지 덜하지 않다. 민감한 사안에 대해 입장을 표명하는 여성 인사들은 종종 추잡하고 예민하며 불평불만이 많고 걸핏하면 화를 내는 사람으로 평가 절하된다. 여성들이 옳은 말을 하더라도 어김없이 비난의 화살이 날아온다. SNS를 보면 호의적인 댓글조차 이런 말로 시작된다.

"호감이 있는 건 아니지만."

여성에게 의견을 피력할 때 호감이 필수 전제 조건이라도 되는 모양이다. 반론을 제기하는 것만으로 끝나지 않고, 호감을 살 만한 방식으로 적절히 용서를 구해야 한다. 이견을 제시한 것에 대해 사과하지 않으면, 당신의 말이 아무리 옳다 해도 결국은 틀린 것이 된다(옳은 말을 할 때 더욱더 그렇다).

남성이 이의 제기하면 용기 있게 발언한 것이고, 여성이 반대 의견을 제시하면 매사 불평불만만 늘어놓는 사고뭉치가 된단 말인가. 여성은 비난받을까 봐 두려워 애초에 목소리를 낼 엄두를 내지 못한다. 강압적인 권력 체계가 그렇듯이 가부장제는 반대 의견을 용납하지 않고 폭력적인 방법으로 맞대응한다. 페미니스트가 되어 임금 불평등과 젠더 기반 폭력, 남성 중심 리더십, 상습적인 성차별적 언어와 같은 문제에 맞선다면, 가부장제는 당신들이야말로 문제라고 몰아붙일 것이다. 이민자 문제, 코로나 시국에 인파 북적이는 스키장, 각종 정치 문제에 관여할 때도 마찬가지이다. 일반적으로 이 모든 공공 사안을 남성의 영역으로 보기 때문이다. 어떤 입장을 취하든지 나쁜 년, 마녀, 성적으로 불만족한 사람, 생리 중이거나 폐경기를 앞둔 비호감에 유머 감각도 없고 늘 불평불만만 늘어놓는 남성혐오주의자이자 루저가 된다. 온라인상이라면 소위 **댓글 테러** shit-storms[17]로 모욕의 폭풍에 휘말릴 것이다.

물론 현실에 안주하는 방법도 있다. 웃으면서 고분고분 "네."라고 말하는 착한 여자아이는 가부장제에서 항상 명예의 전당에 오를 것이다. **"이건 별로에요."**라고 말해 명예로운 자리를 포기한다면 고난의 길로 들어서는데, 과거에 누군가는 여성들을 위해 감내해 온 부분이다. 그렇기에 오늘날 우리는 주체적으로 이혼을 결정하고 엄마가 될지 판사가 될지 선택하며, 우리를 강간한 남성과 억지도 결혼할 필요도 없고 다양한 권리를 누리며 살 수 있는 것이다. 우리의 증조할머니, 할머니, 어머니는 남성들을 배려하며 조심스럽게 권리를 요구하지 않았다. 그녀들도 가부장제에는 힘의 논리가 작용하며 두려운 대상만을 존중

---

17  사이버 폭력, 스토킹, 대규모 악성 댓글 등 SNS에 난무하는 지저분한 댓글이나 현상들을 가리키는 용어.

한다는 것을 익히 알고 있었다. 따라서 수천 명의 여성이 목표를 이루기 위해 가족이 모두 멸시당하는 모욕도 마다하지 않고 지역사회의 존경과 평화로운 삶을 포기했으며 최악의 경우에는 목숨까지 내걸었다. 우리는 그들의 희생에 감사해야 하며 늘 긴장의 끈을 놓지 않고 끝까지 권리를 지켜내는 것으로 보답해야 한다. 가부장제는 우리 여성들을 하녀로 부리고 싶었을 테지만 하녀가 승리를 거머쥐고 말았다. 가부장제가 정당하다고 인정하는 유일한 권력은 스스로 쟁취하는 것이 아닌 부여받는 것이다. "남자들이 놀라잖아."를 변형한 표현을 몇 가지 찾아보았다. 분명 한 번쯤은 들어봤을 테지만 차례로 속뜻을 살펴보도록 하자.

### 진정해

성차별 사회에서 의견을 달리하는 여성은 흥분한 사람으로 정의된다. 당신은 어릴 적부터 진정한 여성은 착하고 친절하며 마음에 들지 않더라도 미소를 잃지 않고, 관심과 칭찬을 아끼지 않으며 언제나 고분고분 말을 잘 듣고 부지런해야 한다는 말을 귀에 못이 박히도록 듣고 자랐다. 그렇지 못하면 즉각 단정치 못하고 여성 고유의 역할을 무시하는 처사라 비난받을 것이다. 만약 강력히 반발한다면 차분하지 못한 데다 감정을 통제하지 못하고 생리 주기에 따른 호르몬 변화로 히스테릭하고 감정적이며 비이성적인 사람이 된다. 또는 오랫동안 효과 좋은 우울증 치료제를 복용하지 않았다고 비꼬아 말할 것이다. 보통 성차별주의자들이 말하는 가장 효과 좋은 우울증 치료제는 성관계이다. 만약 여성이 다양한 형태로 반대 의견을 제시하는데 누군가 진정하라고 한다면 정확히 이런 의미다. 당신이 차분한 사람이라면 **분명** 내 의견에 동의했을 거예요.

## 네 말이 맞긴 한데, 맞는데, 말투가 틀렸어

토론 중에 누군가 이의를 제기할 때 화제 전환에 탁월한 표현이다. **톤 폴리싱**("말투를 고쳐")[18]이라고 하며, 내용 자체보다 방식에 초점을 맞춰 진술의 타당성을 떨어뜨리는 기술이다. 의견이 일치하지 않을 때 언제든지 사용할 수 있으며 원리는 이렇다. Black Lives Matter[19] 운동을 예로 들면, 이렇듯 타당한 이

---

18 대화나 토론 도중 상대방이 감정적으로 의견을 전달할 때 이를 비판하거나 무시하는 대화 기술.
19 '흑인의 목숨도 소중하다'는 뜻으로, 2012년 미국에서 흑인 소년을 죽인 백인 방범요원이 이듬해 무죄 평결을 받고 풀려나면서 시작된 흑인 민권 운동을 말한다.

유를 들며 이의를 제기한다.

"그들 말이 옳아. 하지만 그렇다고 해서 유리를 박살 내면 안 되지."

몇 년간 성소수자LGBTQI+ 사회에서도 Pride[20] 축제와 관련해서 이와 비슷한 일이 있었다. 이런 질문을 여러 번 들어봤을 것이다.

"동의해. 그런데 노출증 환자처럼 꼭 그런 식이어야 했어?"

가부장주의의 형태인 톤 폴리싱은 주로 남성과 반대 입장에 선 여성에게 사용된다. 속뜻은 분명하다.

"항의하려면 정중하고 조용하게 해. 그래야 내가 계속 무시할 거 아니야."

## 다 이겨야 직성이 풀려?

체념한 듯 지친 어조로 이렇게 말하며 스트라이커가 아닌 미드필더가 되라는 타협안을 제시한다. 골만 넣으려 하지 말고 가끔은 다른 선수, 즉 남성에게 공을 양보하라는 뜻이다. 앞의 표현과 달리 이 문장은 **주체**나 **방법**이 아닌 **분량**을 집중 공

---

20  성소수자의 자긍심을 드러내고 모든 성소수자를 포괄하는 상징적 단어다.

격한다. 논쟁 자체가 틀린 것은 아니지만, 꼭 그렇게 전부를 박살 내야만 속이 시원한가? 긴장을 풀고 자비를 베풀어라. 상대가 숨 쉴 틈을 줘라. 그래야 노련한 협상가다. 가부장제가 재정비할 시간을 갖도록 페이스를 조절해라. 당신에게도 그게 낫잖아?

## 그러다 결혼도 못 해

독신이라는 망령은 여성이 부당함을 느낄 때가 아닌 갈등 상황에 놓였을 때 불쑥 튀어나온다. 만약 고분고분하던 여자아이가 갑자기 말을 들으려 하지 않고 사회 구조의 문제점을 지적하며 '나쁜 년'이 되기를 자처한다면 최악의 공포가 찾아올 것이다. 아무도 남성들이 두려움에 벌벌 떨 정도로 섬뜩해 하는 여성을 원치 않는다. 가부장적 사고방식에 따르면 여성에게 일어날 수 있는 최악의 불행은 평생 남자 한 번 만나보지 못하고 심장이 메말라 버린 이기적인 존재로 살다가 죽는 것이다. 결국 진정한 여성성을 충분히 누리지 못하고 쓸쓸히 생을 마감하게 된다.

말 같지도 않은 소리라고 크게 외치고 싶다. 여성들이 부당함을 호소하고 항의할 때 겁먹는 남성들은 그 부당함을 결정하고 묵인한 주체들이다. 그들을 제외한 남성들은 항의하는 여성들과 마찰을 일으킨 적이 없을 뿐더러 여성들을 돕기 위해 노력을 아끼지 않는다.

# 6장

# "여성의 가장 큰 적은 여성이야"

여성의 가장 큰 적은 여성이야

마거릿 애트우드의 유명한 소설 《시녀 이야기》에서 디스토피아[21] 세계를 상징하는 길르앗 공화국의 강압적인 체제는 일부 여성의 노동을 이용해 여성 전체를 속박한다. 이 여성들이 누구이며 그 수가 얼마나 되는지 주목할 필요가 있다. 전체주의 국가 길르앗에서 여성들의 지위는 세 가지 계급 즉 아내, 하녀, 시녀로 나뉜다. 남편이 있고 가정생활을 하는 아내들은 최상위 계층에 속한다. 이들은 출산하지 않지만 시녀와 자신의 남편 사이에서 태어난 아이들의 엄마가 된다. 시녀 계급은 강

---

21  역(逆)유토피아라고도 하며 가장 부정적인 암흑 세계를 픽션으로 표현해 현실을
    날카롭게 비판하는 문학 작품 및 사상을 가리킨다.

제 출산 노예이다. 이 명백한 계층 구조에서 아내와 시녀의 중간에 속한 하녀는 시녀들의 반란을 통제하고 감시하는 간수의 역할을 한다.

치밀한 계산을 바탕으로 글을 쓰는 작가 애트우드는 한 명의 여성을 복종시키기 위해서는 두 명의 여성이 필요하다고 말한다. 1 대 1로 싸울 때는 승산이 없기 때문이다. 가부장제가 무력을 사용하지 않고 계속 여성을 통제하려면 적어도 전체 여성의 3분의 2를 설득해야 하며 그들만을 위한 특권을 부여해야 한다. 페미니즘은 다양한 성차별적 상황에서 매번 이러한 2 대 1의 구도를 깨뜨리며 목적을 달성해 왔다. 페미니즘 투쟁에서 주요 대화 상대는 남성이 아닌 여성이다. 페미니스트는 여성에게 주어진 사회적 역할을 수행하면서 얻는 이점보다 거기에서 벗어남으로써 얻는 이익이 훨씬 크다는 것을 납득시켜야 한다. 다시 말해서 여성들은 현재의 상태를 유지하려 들면 들수록 그만큼 가혹한 대가가 뒤따른다는 것을 알아야 한다.

가부장제는 모든 계층에 권력을 행사한다. 최하위 계층에게 가하는 권력은 폭력의 형태로 나타나고, 그 외 계층에게는 아첨이나 가부장주의, 위조, 거짓 보호, 능력 인정(전체가 아닌 일부만) 그리고 다른 여성들과 연합할 때보다 혼자일 때 더 많은 것을 얻는다는 환상을 불러일으키는 형태로 나타난다. 남성 우위 체제에서 여성의 가장 큰 적을 여성이라고 믿게 되는 이유가 바로 이 때문이다. 여성들은 자신도 모르는 사이에 여성을 억압하는 체제와 공모 관계에 놓인다. 이렇듯 사람을 교묘하게 조종하는 수법은 나날이 진화했으며 종류도 다양하다. 가부장제는 다중 체계적 사고를 하고 변화에 적응하는 능력이 뛰어나며, 온라인상에 모인 지각 있는 여성들의 공격을 방어하기 위해 페미니즘 용어를 역으로 이용한다.

가장 효과가 확실한 방법은 '선택받은 여성' 전략이다. 가부장적 사고를 하는 남성은 성차별을 운운하며 까다롭게 굴지 않을 단 한 명의 여성을 선택해 피라미드 상부, 꼭대기에서 바로 아래 지점에 둔다. 그리고 그녀를 부사장으로 임명하고 남성의 오른팔 역할을 부여해 모두가 사장의 분신으로 생각하도록 만든다. 책임자의 모든 권한을 그녀에게 위임한다. 이러한 투영 작업이 완료되고 나면 끝이다. 남성이 만든 홀로그램 여성은 날아오는 비판을 모두 차단하고 잠재우면서 타고난 리더십을 증명하려 할 것이다. 다른 여성이 넘보지 못하도록 최대한 자신의 전문성을 지키려 할 것이다. 많은 남성이 원하는 그 자리를 차지한 사람이 다름 아닌 자신이라는 사실에 매우 흡족해하면서 말이다.

선택받은 여성은 가부장제를 지키는 최고의 수호견이다. 물론 사적인 의미에서 경력을 쌓는 것이라 할 수도 있겠지만, 그녀가 행사하는 권력은 허상일 뿐이며 언제든 사라질 수 있다. 남성이 권력을 지키는 하나의 방편으로 여성에게 잠시 위임했을 뿐이니까. 보수주의 신문에서 페미니즘 사상을 비판하는 여성의 글과 보수 계층 구조에 속한 여성 책임자를 자주 볼 수 있는 것도 바로 이 선택받은 여성 메커니즘 덕분이다. 이 여성들은 조직 운영에 전혀 영향력을 행사하지 않는다. 위대한 여성 뒤에 위대한 남성이 있다는 말은 이럴 때 쓰는 것일까. 여성이 뒤에 있건 앞에 있건 애석하게도 달라진 건 없다. 가부장제에서 선택받은 여성의 역할은 그저 보조에 불과하다.

회사를 대가족으로 인식하게 하는 허울뿐인 권력 이양은 근본적이지는 않지만 효과적인 방법이기는 하다. 관계적 존재인 여성에게서 부당한 이익을 취하고 갈등 상황에서의 순응과 **성별 임금 격차**에 대한 동의를 얻는 가장 좋은 방법은 그들의 업무가 가족 또는 자신을 위한 것이라고 믿게 만드는 것이니까.

아주 간단하게도 권력을 가진 남성 우월주의자가 여성에게 회사에서 대가족을 책임지는 막중한 임무를 맡고 있다는 것을 납득시키기만 하면 된다. 다시 말해서, 남성은 여성에게 높은 직책을 주기만 하면 되는 것이다. 단, 그토록 바라던 여동생이나 딸이나, 미혼 여성이라면 결혼까지 이어졌을지 모르는 배우자로 대우하면서 낮은 임금을 주어야 한다. 이러한 역학 관계에서 남성은 제임스 본드가 되고 여성은 미스 머니페니가 된다. 과소평가되는 상황이 불 보듯 뻔하지만 그녀는 스스로 냉혹한 계층 구조의 희생양이 아니라 애정을 바탕으로 한 작전을 수행하는 비밀 요원이라 착각한다.

동료들과의 급여 차이 문제는 그럴듯한 변명으로 속이면 그만이다. 다른 동료들도 물론 필요하지만 그녀가 그 이상으로 대체 불가한 사람이라는 인식을 심어 주는 것으로 의심을 불식시킬 수 있다. 다시 말해서, 다른 사람들의 일은 언제라도 교체 가능하지만 모든 업무의 연결고리인 그녀의 역할은 특별하고 유일무이하며 아무도 대신해 줄 수 없다고 확신하게 만드는 것이다. 그녀는 대가족처럼 회사, 협회, 재단, 연구소 또는 학회, 자선단체의 결속력을 강화하는 정서적 책임을 맡고 있으며, 이렇게 고귀하고 헌신적인 중재자 역할은 단순히 급여 인상으로 평가할 수 없는 고결한 임무라고 말이다. 급여 인상이라곤 실제로 없다. 특별 대우로 위장한 학대에도 불구하고 여성은 감성적 역할을 인정받는 대가로 수십 년간 남성들의 지시에 따라 움직인다.

환상에 불과한 권력 이양의 또 다른 유형은 '미녀 삼총사 모델'이라고 부르는 훨씬 더 진화된 형태이다. 눈치 빠른 남성 우월주의자는 같은 영역에 팀을 이룬 여성들이 있으며 자신이 세운 목표를 향해 열심히 일하고 있다는 것에 주목한다. 이 경우 가장 현명한 대처는 여성 팀을 와해시키는 것이 아니라 그들의 결속력을 시험하는 것이다. 상징적인 하렘[22]으로 만들어라. 여성들을 소녀나 **치어리더**, 남성을 위해 행복하게 일하는 믿을 만한 여성으로 대우해라. 팀워크로 우수한 성과를 거두는 여성 팀을 보면서 다방면에서 실력을 발휘하는 능력에 감동받기 전에 실제로 명령을 내리는 사람이 누구인지 생각해 봐라. 누가 이 프로젝트의 책임자인가. 그들의 연구를 승인하는 사람이 누구인가. 팀장이 누구인가. 결과를 책임지는 사람이 누구인가. 무대 위에서 공로를 인정받는 사람이 누구인가. 팀워크의 성과는 누구의 경력에 더 유리한가. 대부분의 대답은 미녀 삼총사가 아닌 찰리일 것이다.

여성들 간의 진정한 팀워크를 훼방 놓는 표현은 셀 수 없이 많다. 그중 자주 사용하는 교활한 표현을 몇 가지 소개하면 다음과 같다. 유감스럽지만 앞으로도 그림자처럼 여성들을 따라다닐 것이다.

---

22  이슬람 세계에서 가까운 친척 외 일반 남자들의 출입이 금지된 장소.

가부장제는 기회만 생기면 여성들 간의 갈등을 노골적으로 들추려 한다. 남성들이 벌이는 논쟁은 토론이지만 여성들의 논쟁은 말다툼이다. 논쟁하는 남성들은 검투사이지만 공공연하게 대립하는 여성들은 서로를 헐뜯고 싸우는 고양이이다. 이른바 '캣 파이팅Cat Fighting'[23] 말이다. 남성들이 싸우면 성격 대립이고 여성들이 싸우면 진흙탕 싸움이다. 남성과 대립하는 여성은 남성의 비위에 거슬리는 데에 그치지만, 여성과 대립하는 여성은 여성을 증오하는 주체가 다름 아닌 여성이라는 선입견을 조장하는 빌미가 된다.

그러면 여성들끼리는 논쟁도 하면 안 되는 건가? 당연히 그래도 된다. 하지만 여성 간의 대립은 여성들이 서로를 증오한다는 편견을 증폭시키는 데 악용될 수 있다는 것을 꼭 기억해야 한다.

---

23  여자들끼리의 싸움을 일컬어 캣 파이팅이라고 한다.

## 여성 연대라는 것 참!

가부장제는 페미니즘의 슬로건을 조롱하고 왜곡해 대중 연설에서 짓궂은 농담 소재로 삼는다. 여성 연대는 그동안 수많은 오해를 받아 왔다. 여성들이 힘을 합치는 것은 여성이기 때문에 같은 여성과는 대립하지 않겠다는 뜻이 아니다. 대립이 필요하면 피하지 않을 것이다. 여성 연대는 뜻이 다른 여성이라 할지라도 성차별적 공격에서 보호할 의무를 지니고 있다. 예를 들어, 보디 셰이밍body shaming[24]의 대상이 다니엘라 산탄케와 조르지아 멜로니가 됐건 엘리 슬레인과 라우라 볼드리니가 됐건 성차별적 공격에 노출된 여성이라면 누구라도 보호받을 권리가 있다. 하지만 성차별적인 경우가 아니라면 같은 여성이라해도 페미니즘 정신에 입각해 자유로이 비판할 수 있다.

## 그녀야말로 진정한 여자군요

가부장제는 한 명의 여성을 여성 전체를 대표하는 본보기로 내세워 여성의 적은 여성이라는 공연한 억측을 퍼뜨린다. 한

---

24  사람의 몸매를 지적하거나 조롱의 대상으로 삼는 행위를 말한다.

명의 여성을 칭송하고 이에 동조하지 않는 나머지 여성을 소외시키는 전략이다. 심지어 페미니스트의 특성까지 마음대로 조작하면서 그 여성을 '진정한 여성'이자 '진정한 페미니스트'로 정의한다.

남성 우위체제와 결탁해 여성들에게 대항하는 무기가 되기를 자처하는 여성들이 있다는 사실에 놀라지 마라. 가부장제는 말썽을 일으키지 않을 고분고분한 여성들을 찾아 작은 힘이라도 실어 준다. 그리고 나중에 비싼 대가를 치러야 한다 해도 그 힘을 원하는 여성이 있다.

# 7장

# "나는 남성 우월주의자가 아니에요"

## 집안일을 잘 도와주니까요.

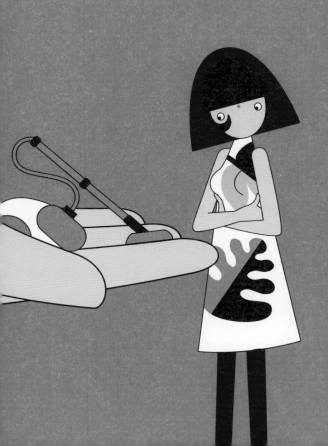

**나는 남성 우월주의자가 아니에요**

2018년 내 페이스북 계정이 15일간 사용 중단되었다. 내가 올린 게시물이 '헤이트 스피치hate speech'[25]로 분류된 탓이다. 여성 폭력 추방의 날을 기념해 남성 우월주의 메커니즘에 관해 몇 자 적었는데, 반감을 불러일으킬 만한 부분은 전혀 없었다. 수많은 특권을 거머쥔 채 태어난 남성들이 이 사회에서 책임감을 통감하며 살아가기를 권고하는 글이었다. 계속해서 모르쇠로 일관할 수만은 없어서였다.

글을 쓴 이유는 아직도 많은 남성이, 물론 여성들과 결속을

---

25  특정한 인종이나 국적·종교·성별 등을 기준으로 다른 사람들에 대한 증오를 선동하는 편파적인 발언을 일컬으며 증오 언설이라고도 한다.

다지려는 모습도 보이지만, 폭력 예방 활동에 관한 자료를 공개할 때마다 약속이나 한 듯 이렇게 말하기 때문이다.

"남성 전체에게 비난의 화살을 돌리지 마세요. 남자라고 다 남성 우월주의자가 아니에요. 적어도 난 그렇지 않아요. 여자를 때린 적 없어요. 남성 전체를 대표해 사과할 생각도 없어요. 각자 한 일은 각자가 책임져야죠."

이와 관련해서 다소 강도 높은 비유일지 모르지만 예시를 하나 들어 보겠다. 이런 생각을 한 사람이 나만은 아니다[26].

가부장제와 남성 우월주의 체제에서 살아가는 것은 마피아 보스의 자식으로 살아가는 것과 비슷하다. 마피아의 가족으로 태어난 순간, 마피아가 뭔지 모른다 해도 먹고 마시고 입는 모든 것은 마피아 수익에서 비롯된다. 마피아 가정에서 태어난 게 그 사람 탓은 물론 아니다. 그는 마피아 보스가 아니고 갱단을 조직한 것도 아니고 아이들을 철탑에 가두지도 않았으며, 폭발 테러로 판사들을 살해하지 않았고 마약 거래는 물론이고 누군가에게 강압적으로 금품을 요구한 적도 없다. 하지만 마피아 가족의 일원이고, 보고 듣는 것이 있으니 "가족이 어떤 일을

---

26  Giulia Blasi, *Manuale per ragazze rivoluzionarie. Perche il femminismo ci rende felici*, Rizzoli, Milano 2017.

하는지 몰랐어요."라고 핑계만 댈 수는 없다. 그는 다른 친구들이 꿈도 꿀 수 없는 비싼 옷을 입고 특권층 학교에 다니며 국가 시스템을 능가하는 의료 서비스를 받는다. 또한 친구에게 맞아본 적 없고, 주먹을 휘둘렀다 해도 학적부에 기록 하나 남지 않는다. 아무것도 하지 않아도 지나가는 사람들이 정중히 인사를 한다.

마피아의 가족이라는 이유로 그에게 벌어지는 이 모든 일을 언제까지 모른 체 할 수 있을까? 그는 세 가지 선택 앞에 설 것이다. 두 가지는 간단하다. 보스를 배신할 것인가, 아니면 보스가 될 것인가. 하지만 문제는 세 번째다. 굉장히 민감하고 교묘하며 교활한 선택지다. 즉 마피아 조직 운영에 관여하지 않고 직접적으로 범죄에 가담하지 않지만 '보스의 자식'으로 살면서 범죄 활동으로 얻는 이득을 취하는 것이다. 마피아 조직원들이 살해를 저지르고 마약 거래나 성매매, 협박을 일삼고 거짓 증언을 한다 해도 이렇게만 말하면 된다.

"내가 무슨 상관이죠? 왜 그렇게 쳐다봐요? 난 살인을 저지른 적 없어요. 코카인은 만져 본 적도 없는데, 마약 거래라뇨!"

꿀벌이 되지 않아도 평생 걱정 없이 꿀을 먹고 자신이 한 일에 대해서만 책임을 질 권리를 주장할 수 있다. 그러면 죄가 전혀 없다고 할 수 있을까? 그렇지 않다. 마피아 시스템은 마피아가 아닌 수천 명의 무관심에 기반하고 있다. 마피아를 향한 주변 사람들의 무관심한 반응, 가끔 호의적이기까지 한 태도가 마피아의 합법성을 보장한다. 가장 확실한 대응은 마피아가 이 사회에 더는 발붙이지 못하도록 모조리 소탕하는 것이다. 아예 엮기지 않는 것이 답이다. 남성 우월주의도 마피아와 마찬가지로 탄생과 동시에 관련을 맺는다. 따라서 아무리 부정해도 결백한 사람은 아무도 없다.

그런데 누군가 이러한 추론이 헤이트 스피치라고 지적했다. 남성을 논란의 중심에 서게 했고 여성도(마피아 체제에서와 마찬가지로) 형제와 자식, 남편만큼이나 남성 우월주의와 깊은 관련이 있다는 사실을 고려하지 않았다는 이유에서였다. 오히려 여성들은 자신을 가두고 있는 감옥의 교도관이자 신녀 행세를 하면서 상징적 시스템을 더욱 강력하게 옹호하기도 한다. 사실이다. 가부장적 문화에서 남녀 모두는 성차별적 편견과 타협하며 자랐다. 이를 멈추려면 남녀 모두가 의식을 변화시키기 위해 적극적으로 노력해야만 한다. 여성으로 태어났다는 이유로 반드시 페미니스트가 되는 것이 아니며 남성만이 남성 우월주의자가 되는 것도 아니기 때문이다. 가부장제는 우리 여성들이 체제에 순응하며 살 수밖에 없는 환경을 조성했다. 그간 우리가 보고 듣고 접했던 모든 것이 성별 격차를 자연스러운 것이자 바꿀 수 없는 것으로 인식하도록 만들었다. 따라서 정의 실현의 하나로 페미니즘을 선택한 여성들이 가장 먼저 싸워야 할 대상은 바로 자신이 처한 상황이다. 이들도 이 싸움이 완전한 결론에 결코 도달하지 못할 거라는 사실을 잘 알고 있다. 남성 우월주의는 남성 DNA의 정보가 아니라 문화다. 어떠한 경우라도 희생자와 암살자, 공범자를 동등하게 보는 시각은 옳지 않다.

성차별주의가 남녀 모두와 관련 있다고는 하지만 불평등의 대가를 가장 혹독하게 치르는 대상은 분명 여성과 성소수자 LGBTQI+이다. 가부장제라는 권력 피라미드의 꼭대기에는 이성애자 남성이 있다. 이성애자 남성들은 가부장제 속에서 태어나 불공평한 계급 제도의 최상층에 살고 있다는 사실을 스스로 인식해야 한다. 그 아래 있는 사람들은 비교적 적은 권리를 누리며 살아간다. 이러한 사실을 부정하는 것은 비논리적일 뿐만 아니라 윤리적으로도 그릇된 처사이다. "대체 나와 무슨 상관이 있나요."라고 말한다면 유치하고 교활하다. 잘못과 책임이라는 개념의 차이를 이해하려고 하지 않는 것으로 해석되기 때문이다. 잘못은 전적으로 개인의 도덕적인 의무이고, 누군가에게 고의로 불의나 폭력을 행사하지 않았다면 그건 명백히 잘못이 아니다. 반면에 책임은 집단 윤리의 의무로 남녀 모두에게 주어진다. 우리가 매일 따르고 있는 규칙은 어느 정도는 불평등을 전제하고 있다. 자신에게 잘못이 있거나 없을 수 있지만, 그 결과가 자신에게 영향을 끼치고 개선의 여지가 있다고 생각한다면 그에 대한 책임을 통감해야 한다. 우리가 해마다 나치 희생자들을 추모하는 것은 잘못해서가 아니라 책임감 때문이다. 홀로코스트 역사도 마찬가지다. "나는 유대인을 가스실에 넣은 적 없어요."라는 말로 회피할 수는 없다. 누구나 우리 사회에 여전히 남아 있는 인종 차별의 온상에 맞서 끊임없이 싸워야 한다는 것을 알고 있으니까. 책임 논리를 떠나서 "난 남성 우월주의자가 아니에요."라는 말의 속뜻은 이렇다.

"나는 남성 우월주의와 상관없어요. 내 알 바 아니라고요."

인종 차별주의와 마찬가지로 성차별주의는 공격적인 문화이다. 관여하지 않고 소극적으로 살아가면 그만이라는 생각은 착각일 뿐이다. 기성세대 남성들은 여전히 이러한 착각에 빠져 있는 반면, 젊은 남성들 사이에서는 성차별주의가 특권 체제의 일부이므로 적극적으로 타파해야 한다는 인식이 퍼지고 있다. 최근 몇 년간 성차별 반대 의식을 널리 퍼트리고 공동 변화의 시급함을 알린 젊은 여성들의 노력에 힘입은 결과이다. 나는 미래를 낙관적으로 전망하는 젊은 남성에게 종종 편지를 받는다.

"저는 안드레아입니다. 제 인생의 가장 큰 행운은 불의로 가득한 세상을 변화시키기 위해 끊임없이 노력하는 한 여성을 만나 사랑에 빠진 것입니다. 제가 편지를 쓴 이유요? 사랑하는 그녀에게 절대적인 지지를 보내고 싶은데 억압자의 편에서 태어난 죄책감이 가끔 저를 무기력하게 만듭니다. 제가 존경하는 여성들과 어떻게 지내야 하고, 어떻게 세상을 변화시킬 수 있는지 조언을 구하고 싶어요. 글이 다소 장황하지만 제겐 매우 중요한 일입니다."

안드레아는 "나는 남성 우월주의자가 아니에요."라고 말하지 않고, "나도 남성 우월주의 체제에서 살고 있어요. 하지만 바꾸고 싶어요."라고 말한다. 페미니스트의 시각이 어떤 건지 묻는다면 이것으로 대답을 대신하고 싶다.

많은 남성이 자신은 남성 우월주의자가 아니라고 단언하지만, 이들의 발언은 지극히 남성 우월주의적이다.

## 엄마들 탓이야

2021년 초에 일어난 별개의 두 사건에서 동일한 편견이 감지되었다. 첫 번째는 영양 변장을 한 남성이 조 바이든과 카멀라 해리스의 당선을 저지하기 위해 수백 명의 극단주의자를 이끌고 미국 국회 의사당에 난입한 사건이다. 두 번째는 새해 전날 밤 이탈리아의 폴렌차라는 작은 마을의 시청이 공공 기물 파손 행위의 희생물이 된 사건이다. 첫 번째 사건 때 언론들은 프로이트의 정신분석 이론을 들먹이며 트럼프 쿠데타범을 엄마가 다른 남자와 바람나고 아빠는 자살한 사람처럼 이야기해 동정심을 자아냈다. 두 번째 사건 때는 폴렌차 부시장이 페이스북을 통해 기물 파손범들에게 이렇게 분노를 표출했다.

"당신들 잘못이 아닙니다. 당신들을 이 세상에 태어나게 한 음탕한 엄마의 잘못입니다."

모든 남성의 일탈 행위의 근원을 어머니로 보는 것은 남에게 책임을 전가하는 아주 고전적인 수법이다. 특히 남성 우월주의를 타인의 탓으로 돌리려 할 때 자주 사용된다.

"난 남성 우월주의자는 아니지만 그렇게 자랐어. 여성이 우리의 교육을 책임졌으니 그 결과에 대한 책임도 져야 마땅하잖아."

사회가 여성들에게 적대적인 것은 여성들이 그럴 만한 행동을 했기 때문이라는 것이다. 남성들은 성인이 되어서도 모든 행동에 대해 엄마 탓을 할 정도로 자기 결정 능력이 없는 주체라는 의미를 내포한다. 이러한 발언은 남성 우월주의적 사고방식의 산물이다. 그렇다면 남성 우월주의 없는 세상에서는 자식 교육을 담당하는 사람이 엄마가 아니라는 모순이 생긴다. 엄마가 남성 우월주의 교육을 주도한 듯이 말하지만, 그 책임은 엄마가 아니라 남성 우월주의 자체에 있다.

## *여자들이 더 해*

방어적인 태도를 보이는 남성 우월주의자는 한순간 모든 여성에게 비난의 화살을 돌리는 왓어바웃이즘Whataboutism[27]을 꺼내 든다. 그러면서 남성이 여성을 차별하기 위해 무슨 말을 하고 어떤 행동을 하던 여성이 같은 여성을 상대로 하는 짓에 비하면 아무것도 아니라고 말한다. 정리하면, 엄마의 잘못이 아니라 해도 아무튼 잘못은 여성에게 있다는 뜻이다. 남성의 잘못은 기껏해야 여성이 하는 대로 따라 한 것뿐이다.

실제로 여성이 같은 여성에게 나쁜 짓을 서슴지 않는다고 해도 이것으로 성차별주의를 정당화할 수는 없다. 더욱이 여성을 향한 최악의 비평가가 여성이라는 말은 사실이 아니다. 성차별주의는 여성들 사이가 좋지 않을 때 더욱 극성을 부린다. 여성을 분열시키는 가장 효과적인 전략은 그들이 서로 친해지거나 협력하기 전에 불신하고 경계하도록 만드는 것이다. 여성들은 페미니스트가 될수록 서로 더욱 돈독해지는 법이니까.

---

27 '그쪽이야말로주의'로 비난의 화살을 상대에게 돌리는 선전 기법.

## 남성들도 차별받아

남성들도 여러 가지 이유로 개인적인 차별을 겪지만, 어떤 문화에서도 단지 남성이라는 이유로 박해한 일은 없었으므로 성차별이라 정의할 수 없다. 이 사회에서 가난한 사람은 부자보다 훨씬 더 차별 대우받을 것이고 흑인 남성은 백인 남성보다 훨씬 더 부당한 일을 많이 당할 것이다. 또한 매력적인 외모의 남성이 그 시대의 미적 기준에 부합하지 않는 남성보다 성(性)적으로 훨씬 많은 기회를 얻는다는 것은 의심할 여지가 없다. 하지만 이러한 개별적 사례는 수 세기 동안 단지 여성이라는 이유로 부자건 가난하건, 백인이건 흑인이건, 외모가 매력적이건 아니건 상관없이 모든 여성의 권리를 부인해 온 차별적 체제의 폐단을 상쇄시킬 만한 정당한 사유가 되지 못한다. 여성들은 개별적 불평등을 겪는 것은 물론이거니와 전체가 차별의 대상이 된다. 이들이 지닌 최소한의 공통분모는 바로 성별이다. 그렇기에 성차별이라 부르는 것이다.

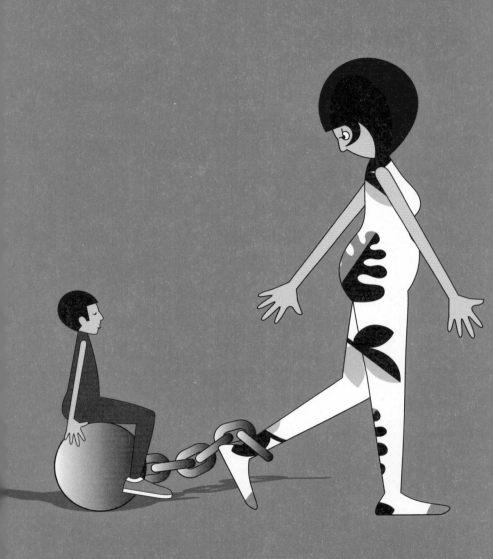

# 8장

## "당신은 불알 달린* 여자예요"

### 맞아요, 족쇄 같네요!

* 여성의 뛰어난 실력이나 능력을 칭찬할 때 쓰이는 속된 표현.

# 당신은 불알 달린 여자예요

　몇 년 전, 에밀리아로마냐주의 소도시에서 공개 강연이 있었는데, 내 소개를 맡은 지식인이 여러 차례 나를 "대단한 이탈리아 (남성) 작가[28]"라 불렀다. 처음에 청중들은 소개자가 실수로 남성형 명사를 사용했으리라고 믿는 눈치였고, 강연장 안에는 공허한 헛기침 소리만 울려 퍼졌다. 그런데 실수라고 생각했던 일이 한 번 더 반복되자 누군가 큰 소리로 웃기 시작했다. 그러다 이윽고 세 번이나 반복된 상황에서 나는 당혹감을 감추지 못한 채 소개자의 말을 끊고 여성형으로 정정해 달라고 정

---

28　'작가'를 뜻하는 명사는 남성형 scrittore와 여성형 scrittrice로 구분되는데, 여기에서는 해당 여성을 남성형 명사로 칭하고 있다.

중하게 요청했다. 그러자 소개자는 마이크에 대고 공개적으로 대답했다. 나는 너무 놀라 주저앉을 뻔했다.

"용서하세요. 신경 쓰이는 건 알겠는데 당신을 여류 작가로만 소개하기엔 필력이 대단히 뛰어납니다."

2020년 10월 저명한 신문의 음악 평론가가 잘츠부르크 페스티벌에서 지휘를 맡은 요아나 말비츠를 이렇게 평했다.

"남성 지휘자인 줄 착각할 정도로 놀라운 실력입니다."

이 사회에서는 남성이 탁월함을 정의하는 기준이라는 편견이 만연하다. 많은 여성은 과소평가를 받지 않으려면 남성처럼 행동해야 한다고 생각한다. 말은 쉽다. 자, 그렇다면 남성은 대체 어떻게 글을 쓰고, 어떻게 오케스트라를 지휘할까? 남성 작가는 모두가 똑같은 방식으로 글을 쓰나? 남성 지휘자는 하나같이 똑같은 방식으로 오케스트라를 지휘하나?

물론 그렇지 않다. 모든 분야에는 평범한 남성과 우수한 남성이 있다. 다만 한 남성이 실수하면 그건 개인의 잘못으로 끝나지만, 한 여성이 실수하면 그 실패는 모든 여성에게 돌아간다. 한 사람의 결점을 성별 전체의 책임으로 돌리는 것과 개인의 공적을 전체 집단의 공로로 돌리는 것이 성차별주의의 골자이다. 인종 차별주의와 동성애 혐오도 수십 년간 지속됐지만, 오스카 시상식에서 이렇게 말하는 사람은 없다.

"드디어 백인만큼 연기력이 뛰어난 흑인이 나타났군요."

피부색이 연기력과 아무 관련이 없다는 것은 누구나 아는 상식이기 때문이다. 또한 이런 말도 입 밖으로 내기 부끄러울 것이다.

"드디어 이성애자 화가에 버금가는 동성애자 화가가 나타났어요!"

성적 지향이 그림 실력을 평가하는 기준이 될 수 없다는 것 또한 명백한 사실이다. 2020년 잘츠부르크에 남자처럼 오케스트라를 지휘하는 여자가 나타났다고 쓴 글은 그 음악 평론가 입장에서 칭찬이었을 수 있다. 남자 같은 여자라면 'Una uoma'[29]라고 표기해야 하나? 사석이었다면 '불알 달린 여자'라고 말했을 것이다. 영향력 있는 여성은 오래전부터 남성 성기를 가진 여성으로 자주 묘사되었다. 성차별이 만연한 세상에서 남성과 동등하게 존경받는 여성은 남성보다도 더욱 마초적인 성향을 보이는데 주변에서도 쉽게 볼 수 있다. 많은 여성이 힘의 논리가 지배하는 권력의 세계에서 인정받고 존경받으려면 일반적인 남성이 아니라(남성들도 꽤나 다양하니까) 가부장제 사

---

29 '남성'을 뜻하는 단어 'un uomo'의 마지막 모음을 여성형 어미인 '-a'로 바꾸어서 인위적으로 여성형을 만들었으나 문법에 어긋난 표현이다. 원래 여성을 뜻하는 단어는 'una donna'이다(un과 una는 부정관사).

회에 존재하는 남성성의 사회적 개념에 동화되어야 한다고 생각한다.

　야망이 가득한 여성들이 권력 있는 남성을 유혹하는 것으로 계층 상승이 여의치 않거나 애초에 이런 방식을 원치 않을 때는 남성의 복제품이 되기로 한다. 전투력이나 뻔뻔함, 강인함, 결단력, 경쟁심 같은 전통적 남성성의 고정관념을 스스로 주입한다. 가장 대표적인 역사적 사례는 1980년대 영국 최초의 여성 총리였던 마거릿 대처로, 그는 복지 지출을 과감히 줄이고 신자유주의 경제 정책을 내세웠다. 광부들의 반발에 강경히 대처했으며, 영국인들이 포클랜드라고 부르는 아르헨티나의 말비나스섬을 점령하기 위해 한 치의 주저함도 없이 항공 모함을 보냈다. 마거릿 대처를 사람들은 철의 여인이라 칭송했다. 성공한 여성은 대개 차갑고 단단한 금속에 비유되며, 이 여성들이 살아온 과정은 어린 소녀를 감화시키는 해방의 과정으로 묘사된다. 하지만 우리가 말하는 해방은 가부장제 내에서 여성 개인의 성공이 아니다. 진정한 해방은 여성을 억압하는 권력 체제 자체를 전복시키는 것이다. 단순히 권력을 쟁취하는 것은 혁명이 아니라 결탁이다. 따라서 페미니스트는 권력을 얻는 것으로 끝나지 않는다. 내가 쟁취한 권력이 무엇인지 잘 생각해봐야 한다.

남성 우월주의 체제에서 권력은 항상 타인에게 행사하는 행위에 국한되었다. 이러한 논리를 가진 사람들은 줄리오 안드레오티의 이 말을 가장 좋아한다.

"권력은 권력을 가지지 못한 자를 골병 들게 한다."

줄리오 안드레오티가 자주 인용한 탓에 오해하는 사람이 많은데 실은 탈레랑[30]이 남긴 말이다. 위계 조직에서 권력을 잡는 것은 뺄셈의 과정과 비슷하다. 권력을 가지려면 누군가에게서 권력을 빼앗아 와야 한다. 하지만 권력을 빼앗긴 사람은 사기당한 기분일 테고 되찾기 위해 어떠한 전쟁도 불사할 것이다. 권력을 가져 본 사람은 상당한 에너지를 권력 행사가 아닌 방어에 사용한다. 이상적인 관계는 강자와 약자의 관계 즉, 동물 왕국의 역학 관계에서 나타나는 야생의 법칙이다. 알파 계층이 권력을 잡고 나머지 개체들은 복종하는 식이다. 이러한 권력 구도에서 성별은 매우 중요한 역할을 하며, 이에 따른 성차별도 매우 중요한 의미가 있다. 우리가 사용하는 언어는 우리의 생각을 가장 잘 드러내는 요소이다. 강력하거나 무력하다는 말은 이 사회의 역학 구도와 성관계에 적용되는 이중

---

30 Charles-Maurice de Talleyrand-Périgord(1754~1838)는 프랑스의 정치가, 외교관, 로마 가톨릭교회 성직자이다.

적 표현이다. 다시 말해 남성의 삽입 행위를 상징하는 것으로, 무력함이란 발기 불능을 나타내고 상징적인 의미로 자신이 속한 권력 체계에서 주도권을 잡지 못하는 사회적 무능함과 동일시된다.

결단력 있는 여성이 '남성 성기를 가진 것'으로 정의된다면, 단순히 남성 성기가 아니라 권력 있는 남성이 그러하듯 그것을 사용하는 능력이 연상된다. 즉 누군가를 지배하는 능력 말이다. 삽입 섹스와 권력 간의 언어적 중첩은 다양하면서도 상습적으로 사용된다. 'Essere stati fottuti'[31]는 권력 대결에서의 패배를 성적으로 속되게 이르는 말이다. 'Prenderla nel culo'[32] 역시 폭력적이고 성차별적이며 동성애 혐오가 담긴 상당히 저속한 표현이지만, 우리의 언어 습관에서 삽입이 실제로 지배 행위에 비유된다는 것을 여실히 보여준다. 이런 의미에서 강간은 억제할 수 없는 육체적 욕망의 표출이 아니라, 상대방의 동의 없이 잔인하게 행해지는 권력 행위라고 할 수 있다.

'Prenderla nel culo'는 동성애 혐오가 담긴 표현이지만 남성 동성애 언어의 영향을 받았음을 짐작할 수 있다. 남성 동성애

---

31  성행위를 나타내는 표현으로 '망쳤다', '조졌다'라는 뜻으로 사용된다.
32  '엿 먹어라', '빌어먹을'이라는 뜻으로 남성 동성애자들의 항문 성교를 암시하며 동성애 혐오가 담겨 있다.

언어에서 능동과 수동의 구분은 성교(性交)할 때 삽입을 행하는 사람과 당하는 사람 간에 서열을 만든다. 이 표현은 여성 전체를 수동적인(즉 순종적임을 암시) 존재로 정의하는 것 외에 많은 남성 동성애자가 지닌 내면화된 동성애 공포증[33]을 암시한다. 성관계 시 언제나 삽입을 하는 입장에 있는 남성 동성애자들은 종종 자신이 동성애자라는 사실을 잊기 때문이다. 남자의 성기가 달린 여성의 거울에 비친 모습은 여성 음부를 가진 남성인 일종의 거울 놀이와 같다. 이러한 지배 구조 속에서 권력을 거머쥔 여성은 누군가를 위해서가 아니라 누군가에게 대항하기 위해 권력을 사용하며 자신을 억압했던 사람의 행동을 그대로 답습한다. 여성이 대항할 목적으로 권력을 사용한다면 그건 결코 페미니즘이 될 수 없다. 진정한 해방은 성차별적 장치에 발목 잡혀서 진가를 인정받지 못한 다른 여성들을 위해 권력을 사용하는 것이다. 개인의 이익을 위해 권력을 이용한다면 그건 페미니즘이 아니다.

대단한 여성을 지칭하는 표현은 무수히 많지만 자주 사용되는 몇 가지를 살펴보도록 하자. 앞의 세 가지 표현은 남성과 관

---

33 사회적으로 형성된 동성애자에 대한 부정적 인식을 동성애자 스스로 내면에 지닌 것을 말한다. 이는 주로 수치심, 부인, 자기 상해, 다른 동성애자에 대한 증오, 그 밖에 여러 무의식적인 행위로 다양하게 표출된다.

련된 것으로, 대단한 여성을 일컫는 남자의 성기가 달린 여성의 이미지가 이러한 성차별적 클리셰에서 파생된 것임을 짐작하게 한다.

## 외로이 명령하는 남자

명령하는 남성은 철저히 혼자다. 가부장제 계층 구조에서 지배권을 갖기 위해 가장 먼저 치러야 할 대가는 고독이다. 공동 지배 구조는 좀처럼 보기 힘들다. 정상에 홀로 뚝 떨어져 있는 권력자의 이미지는, 결과적으로 권력이 권력을 가지지 못한 자뿐 아니라 권력을 거머쥔 자까지 지치게 만든다는 걸 확인시킨다. 이런 종류의 권력을 갈망하는 여성은 권력을 손에 넣기도 전에 경고를 받는다. 이 게임에서 승리하기 위해 치러야 하는 대가는 곁에 아무도 둘 수 없는 것이다. 이성적 존재인 남성은 고독한 기사로 살아가는 데 별문제 없지만, 관계적 존재인 여성은 존재론적 패배감을 맛본다.

## 실패를 모르는 남자

실패를 모르는 남자는 가장 강력한 상대이다. 권력 게임에서 남성을 상대하려면 훨씬 더 강해야 한다. 천하무적이 된 여성은 과도한 피로와 스트레스라는 치명적인 결과를 감당해야 한다. 유럽 내에서도 이탈리아 여성들은 가장 극심한 가사 노동의 불평등을 겪는다고 알려져 있다. 직장에 다니는 여성이라면 두 가지 일을 동시에 수행해야 하며, 그중 하나는 무급인데다 정신적 스트레스도 굉장하다. 공 두 개를 모두 맞춰야 하는 캐롬 당구에서 멀티태스킹을 강요받으며 여성의 머릿속에는 끔찍한 생각이 자리 잡기 시작한다. 이미 상당한 격차가 벌어진 상태에서 경쟁하는 것만으로도 힘든데, 불패자라 불리는 남성을 롤 모델로 삼아 따라 하려 한다면 결승선에 도달하는 여성은 극소수에 불과할 것이다.

## 강한 남성

강한 남성의 범주는 20세기의 끔찍한 기억을 떠올리게 할 뿐만 아니라 현재까지도 영향을 끼치며 남성들의 인생을 괴롭힌다. 남성들은 나약한 모습을 보여서는 안 되고, 이유 불문하고 남성적인 강인함이 투영되지 않은 부분은 전부 숨겨야 한다. 여성들은 이러한 남성의 이미지를 개인적 성공을 위한 기준으로 삼는다. 책임이 막중할수록 권력도 커지는 것을 깨달은 여성은 감성적 나약함, 피로, 두려움, 향수, 동정심을 떨쳐내야 한다고 강하게 느낀다. 중압감을 느끼게 하는 이러한 감정들을 잘 숨기지 않으면 챔피언을 가리는 레슬링 매트에 오를 자격을 상실할 수도 있다.

## 여전사

권력이 누군가에게서 빼앗아 오는 것이라면, 권력을 잡기로 결심하는 것은 전쟁 선포나 다름없다. 남성 지배의 논리에 편입된 여성은 자신에게 적용되는 군사 용어를 칭찬으로 받아들인다. 그뿐 아니라 자신들을 포식자로 동화시키거나 전설적이고 무시무시한 여성 인물을 연상시키는 여군, 여장군, 철의 여인, 강철 여인, 암사자, 무녀, 여장부, 복수의 여신 같은 명칭을 좋아한다. 누군가 당신을 이렇게 부른다면 웃을 일이 아니다. 이건 칭찬이 아니라 두려운 대상만을 존중하는 시스템에서, 실제로 성공하려면 스스로가 두려운 존재가 돼야 한다는 사실을 반증하는 것이니 말이다.

## '퓨마'

사람들을 정글 포식자로 둔갑시키는 게임에서 퓨마를 뜻하는 영어 단어 'cougar'[34]는 여성에게만 사용하는 성적인 표현이며, 이탈리아어로는 'pantera'라고 한다. 'cougar'는 35세에서 55세 사이의 자녀가 없고 젊은 남성과 성관계를 즐기는 여성을 뜻한다. 권력을 성적 능력에 비유할 때 남성도 포함되지만, 젊은 여성과 연애를 즐기는 남성들을 지칭하는 용어는 따로 없다. 권력 있는 남성에게 젊고 매력적인 애인이 있다면 그녀는 '트로피 와이프trophy wife'[35]라 불리는데, 멜라니아 트럼프가 가장 대표적인 사례이다. 반대로 능력 있는 여성이 젊은 남성에게 성적 관심을 받으면(남성 우월주의자들의 시각에서 나이 든 여성은 남성들의 관심을 끌지 못한다) 짐승에 빗대어 표현한다. 성차별주의 용어 중에서 이 끔찍한 말은 칭찬으로 간주된다. 여성의 권력이 정점에 도달했고 기득권을 가진 여성은 지배력을 행사할 수 있다는 의미이다. 다시 말해 선택받는 것이 아니라 선택하

---

34  젊은 남자와의 연애나 성관계를 원하는 중년 여성을 가리킨다.
35  성공한 중장년 남성들이 수차례의 결혼 끝에 얻은 젊고 아름다운 전업주부를 일컬어 '트로피 와이프'라 한다.

는 위치에 놓인 것이다. 프랭크 언더우드[36]의 말이 옳았다. 인생에서 섹스를 제외한 모든 것은 섹스와 관련 있고, 섹스는 권력과 불가분의 관계다.

---

36 미국 정치 드라마 〈하우스 오브 카드〉에서 케빈 스페이시가 맡은 역할로, 장차 미국 대통령이 되는 정치인이다.

# 9장

## "내가 지금 설명할게"

### 어쩌고저쩌고……

개인적으로 자주 들어 본 말이다. 내가 잘 아는 것을 굳이 설명해 주려 드는 남성들을 지금도 심심찮게 만난다. 그들이 가부장적으로 행동하려 의도한 것은 아닐 테지만 결과적으로는 그러한 셈이다. 코로나로 말미암아 봉쇄 조치된 때에 나는 한 예술 비평가의 강연을 참고 들어야 했다. 원죄 없는 잉태에 관한 것이었는데, 강연자는 강생과 원죄 없는 잉태를 구분조차 하지 못했다. 3월 8일, 많은 사람이 페미니스트 투쟁이 진정한 효과를 거두려면 어떻게 해야 하는지 몸소 보여주었다. 한 유투버는 트위터에서 '**캔슬 컬처**cancel culture'[37]가 무엇인지 140

---

[37]  자신과 생각이 다른 사람들에 대한 팔로우를 취소한다는 뜻으로, 특히 유명인이나

자로 설명했다. 한 기자는 내게 직업 명사를 여성형으로 변형할 필요가 없다며 장황한 설명을 늘어놓았다. 그랬다가는 남자 약사를 'farmacisto'[38]라고 불러야 할 판이라고 덧붙이면서 말이다. 주로마 독일 대사관에서 열린 리셉션에서 무척 기품 있는 신사 하나를 만났는데, 내 고향이 사르데냐인 걸 알고는 델레다의 소설 《바람에 흔들리는 갈대》를 읽어 보라고 권했다.

나의 관심 분야와 지적 능력에 사사건건 간섭하며 설명하려드는 사람들을 자주 만난다. 정작 본인들은 그럴 만한 능력이 없는데도 말이다. **'맨스플레인'[39]**을 이탈리아어로 가장 잘 표현한 단어는 신조어 'minchiarimento'[40]이다. 가부장적 우월감에 빠진 성차별주의적 행태로, 남성이 특정 주제로 여성과 대화를 나눌 때 여성이 자신보다 많이 알고 있을 수 있는데도 잘 모를 거라는 전제하에 무턱대고 설명을 늘어놓는 행위를 뜻한다.

여성들은 맨스플레인을 단번에 알아차리지만 내 이성 친구

---

공적 지위에 있는 사람이 논쟁이 될 만한 행동이나 발언을 했을 때 SNS 등에서 해당 인물에 대한 팔로우를 취소하고 외면하는 행동 방식을 말한다.

38  이탈리아어로 약사는 'farmacista'이며 여성형과 남성형이 같다.

39  맨스플레인은 '남자(man)'와 '설명하다(explain)'를 합친 단어로, 어느 분야에 대해 여성들은 잘 모를 것이라는 기본 전제를 가진 남성들이 무턱대고 아는 척 설명하려고 드는 행위를 가리킨다.

40  minchiarimento는 남성의 '음경'을 뜻하는 단어 minchia와 '설명'을 뜻하는 chiarimento의 합성어다.

들은 쉽게 눈치채지 못한다. 공감 능력이 뛰어나다고 하는 이들도 마찬가지다. 남성이 한 명 이상의 여성들과 대화를 나눌 때 특정 주제에 대해 주도적으로 설명하는 행위를 모두 맨스플레인라고 하지 않는다. 남성의 지나친 자신감보다 능력이 다소 모자란 데다 상대방을 과소평가하는 태도가 나타날 때 맨스플레인이라 한다. 작가 리베카 솔닛이 사용한 개념으로, 직접 고안한 용어는 아니지만 저서[41]에서 언급하면서 널리 알려졌다. 맨스플레인은 여성이 말하고 있을 때 끼어들거나 묻지도 않은 것에 대해 설명을 늘어놓는 등 다양한 형태로 나타난다. 보통 "네가 잘 모르는 것 같은데……"라는 말로 시작된다.

이러한 화법은 뜻하지 않은 결과를 초래한다. 한편으로는 여성은 무지하고 지적 능력이 떨어진다는 극단적인 편견을 보여준다. 수 세기에 걸쳐 여성을 둔감하고 감정적이며 하찮은 존재로 규정지어 온 인식은 50년이 지나도록 사라지지 않았고, 발언권은 있지만 의사 존중은 여전히 이루어지지 않고 있다. 고등학교 시절 국어 선생님은 버지니아 울프의 생각과 정반대로,[42] 정작 본인은 버지니아 울프의 글을 인용하고 있는지도 모

---

41  Cfr. Rebecca Solnit, Gli uomini mi spiegano le cose, trad. it. di Sabrina Placidi, Ponte alle Grazie, Milano 2017.

42  Virginia Woolf, Una stanza tutta per sé, trad. it. di Maria Antonietta Saracino,

르고 여성 중에 셰익스피어 같은 문호가 나올 수 없는 데에는 분명 이유가 있다고 주장했다. 그 이유는 여성이 남성보다 교육 받을 기회가 수백 년이나 뒤처져서가 아니라 여성의 한계라고 단호히 말했다. 다른 한편으로는 여성의 복합적 인지 능력을 과소평가하지 않는 사람들 사이에서도 맨스플레인은 남성의 지적 능력이 여성보다 뛰어나다는 남성 우위적 사고를 보여준다. 마치 어느 맨스플레이너의 머릿속 어딘가에 이렇게 새겨져 있기라도 한 듯이 말이다.

"여자인 당신도 아는 것이 있을 거라는 건 인정해. 하지만 분명 내가 가진 지식이나 능력에는 못 미칠 거야."

남성인 대화 상대가 당신들의 이해력을 의심하는 눈빛을 보이면 '이제 맨스플레인이 시작되겠구나'하고 눈치 챌 것이다.

여성의 지적 능력을 과소평가하는 현상은 사회생활 전반에 걸쳐 나타난다. 일곱 살이 되면 당신의 부모는 남동생에게는 화학 실험 놀이 키트를 선물하고 당신의 품에는 인형을 안겨준다. 10년이 지나도 똑같다. 고등학교 졸업반이 되면 어른들은 '여학생이 과학과 친해지길 바라' 캠페인을 벌인다. 과학을 기피한 것은 여성들의 선택이었다고 암묵적으로 드러낸다. 이러

Einaudi, Torino 2016.

한 과소평가 현상은 여성들이 질문자로 참석한 콘퍼런스에서
도 나타나며, 나이가 들어 공연 대본에서 이름이 완전히 사라
질 때까지 이어진다. 정치 토크부터 몇 개 남지 않은 공공 서비
스 방송에 이르는 이탈리아 방송 프로그램에서 우리는 '위대한
원로들'이라고 불리는 존경받는 정치인, 철학자, 정신과 전문
의, 역사학자, 언어학자 그리고 심지어 일반인이 특정 주제를
두고 설명하는 것을 자주 보았다. 이들은 40여 년간 쉬지 않고
미디어를 차지해 온 공로를 인정받아 만인의 교주 반열에 올
랐다. 이에 반해 주류 토론 프로그램에서 '위대한 원로들'이라
는 범주는 존재하지 않는다. 권위 있는 여성이라 인정받는 유
명한 노인 여성 3인이 있다. 바로 저명한 과학자 마르게리타 하
크와 리타 레비몬탈치니, 홀로코스트의 생존자 릴리아나 세그
레다. 굉장히 유명하지만 소수에 불과한 이 여성들은 진저 로
저스[43]의 저주를 몸소 입증했다. 로저스는 프레드 아스테어가
하는 건 모두 할 줄 알아야 한다. 단, 뒤에서 힐을 신고서[44] 말이
다. 대중 앞에 설 권리를 얻기 위해 남성은 최소한의 능력만 있

---

43 Michela Murgia e Chiara Tagliaferri, *Morgana, storie di ragazze che tua madre non approverebbe*, Mondadori, Milano 2018.
44 진저 로저스와 프레드 아스테어 주연의 영화 〈스윙 타임〉(1936)에서 두 주인공이 탭댄스를 추는 장면에 빗대어 말하고 있다.

어도 되지만, 여성은 아주 뛰어난 능력을 갖춰야 한다.

맨스플레인의 시작을 알리는 표현으로 다음과 같은 것들이 있다. 항상 명확하게 드러나지는 않지만, 의미는 모두 같다.

"내가 당신보다 더 잘 알아".

## 여자가 할 일이 아니야

1950년대의 구시대적 표현 같지만, 사회 전반의 일상 대화에서 끊임없이 등장한다. 여성들의 서툰 기계 조작 능력을 비꼬는 농담이나, 어릴 적 가정에서 경제 교육을 받지 못한 여성들이 많다는 사실로 미루어 이 사회에는 여성이 감히 넘볼 수 없는 금단의 영역이 있다는 강한 편견이 존재함을 알 수 있다. 이러한 믿음은 여성의 삶은 물론이고, 더 나아가 국가 전체에 심각한 영향을 끼친다.

과학이나 기술을 전공하는 여성은 극히 일부이다. 여성은 어려서부터 공과 계열이 적합하지 않다는 세뇌 교육을 받기 때문이다. 여성이 할 일은 집을 짓는 것이 아니라 집을 가꾸는 것이라는 인식이 팽배하다 보니, 이공계에서 일하는 여성들은 남성 동료들과 비등한 급여를 받지 못하는 불이익을 당한다. 반대로 남성은 보살핌이나 보조하는 능력은 본성과 거리가 먼 것으로 교육받기 때문에 소수만이 이와 관련된 분야로 진출한다. 여성은 단순한 존재이며 관계 관리 업무에 가장 적합하다는 생각은 그 밖의 모든 업무는 남성이 처리해야 한다는 확신에서 비롯했다.

## 뭘 기대해, 금발이잖아

믿기 힘들겠지만 사실이다. 가장 지독한 편견 중 하나는 금발 여성의 지적 수준은 평균 이하이며 경박하다는 것이다. 뜻밖에도 이들은 여성들 중에서도 가장 많은 차별 대우를 받는 범주에 속한다. 일반적으로 금발의 여성은 성(性)적으로 접근하기 쉽다는 편견이 있다. 신(新)경제의 메카인 실리콘 밸리에서는 금발의 여성은 신뢰할 수 없다는 인식이 너무 강해서 성차별 문제로까지 이어지고, 금발인 전문직 종사자들은 투자자의 신뢰를 얻으려 머리를 갈색으로 염색하기도 한다. 한편 남성들은 금발이라는 이유로 직장 내에서 과소평가를 받는 경우가 없다. 남성의 외모는 여성과 달리 성적인 것으로 인식되지 않기 때문이다.

나는 스무 살에 부유한 집안의 남자와 교제한 적이 있다. 그 무렵 나는 공부를 계속해서 석사 학위를 취득하고 싶었다. 그런데 남자 친구의 아버지는 학업을 고집하는 나를 이해하지 못했다. 당신의 아들은 일찌감치 취직해서 사회생활을 하던 터라 아버지의 관점에서 여자인 내가 공부를 계속한다는 건 가당치 않을 뿐더러 위험한 생각이었다. 일반적인 사회적 시선에서 여성의 주된 임무는 엄마와 아내의 역할을 수행하는 것인데 직업적 능력이 지나치게 뛰어나면 가정일을 소홀히 할 거라고 우려하기 때문이다. 여성의 교육 기회와 출산율의 반비례 관계를 보며 큰 위협을 느끼는 남성이 많다. 심지어 정치인들은 여성이 가사 일에서 멀어질수록 서구 사회가 위험에 처한다고 말한다. 모든 여자가 공부하고 일하면 집안일은 누가 해? 가족이 없으면 사회는 어떻게 될까? 남성 우월주의자의 은밀한 꿈은 남성이 설명해 주는 세상에서 만족하며 사는 무지한 여성에게 맨스플레인을 하는 것이다.

"잘했어."라는 말을 들으면 순간적으로 기분은 좋지만, 상대에게 평가받고 있다는 의미다. 긍정적인 평가지만 지극히 상대적이다. 누군가에게 훌륭하다는 말을 듣는 것 자체는 그 사람이 당신의 업무를 판단할 수 있는 위치에 있다고 믿는다는 뜻이다. 사실일 때도 있다. 성적이 향상된 자녀를 둔 부모, 학생에게 채점한 과제를 돌려주는 선생님, 대회를 끝까지 지켜본 코치, 당신보다 유능한 상사, 수상자를 결정하는 심사 위원단, 공연을 관람하는 관객은 상대가 잘했는지 못했는지 판단할 권리가 있다. 만약 "잘했어."라고 말하는 사람이 동료이거나 자신보다 능력이 떨어지는 사람이라면 의미는 완전히 달라진다. 그말은 칭찬이 아니라 거만한 행동일 수 있다. "잘했어."라는 말은 고전적인 맨스플레인 수법이다. 당신보다 실력이 떨어지는 남자에게 주장이나 업무 능력을 인정받는다면, 정확히 그가 원하는 대로 일을 해냈다는 뜻이다. 때로는 "잘했어."라는 말에 칭찬이라는 명목으로 쓰다듬는 행위 같은 가부장적인 제스처가 동반되기도 한다. "잘했어."라는 말을 조심해라. 능력을 인정한다는 뜻이 아니라 당신보다 우월함을 과시하는 것이니까.

# 10장

# "칭찬한 거야"

2010년 캄피엘로 시상식이 베네치아의 라 페니체 극장에서 성대하게 막을 올렸고 Rai 1 채널에서 생중계되었다. 사회를 맡은 브루노 베스파가 소설 《강철》로 최고 작품상을 받은 실비아 아발로네를 호명했다. 아발로네가 우아한 우윳빛 이브닝 드레스를 입고 계단을 오르는데, 브루노 베스파가 감독을 향해 이렇게 소리쳤다.

"이 여인의 아름다운 가슴을 클로즈업해 주세요."

아발로네가 꽉 찬 관중석을 향해 미소 짓자 박수갈채가 쏟아지다가, 사회자의 말 한마디에 모두의 시선이 일제히 그녀의 목선을 향했다. 집에서 TV로 시청하던 사람들도 감독의 협조 덕분에 그녀의 가슴을 평가하고 있을 게 불 보듯 뻔했다. 아발로네는 가슴을 보여주려는 게 아니라 작품상을 받기 위해 무대에 오르던 중이었는데 그 사실은 까맣게 잊혔다.

그날 저녁 공영 방송 카메라 앞에서 작가가 겪은 일은 희롱이라고 정의하기에 충분했다. "장난이 지나쳤지만, 어쨌든 칭찬이었잖아."라는 식의 말 같지도 않은 소리를 누구더러 믿으라는 건가. 여성에게 "당신은 아름다워."라는 말은 좋아하는 사람과의 저녁 식사 데이트 같은 특정한 상황에서만 칭찬이 될 수 있다. 문학 시상식이나 비즈니스 회의 때는 그렇지 않다는 말이다. "그녀의 가슴을 클로즈업해 주세요."라는 발언은 어떠한 경우에도 칭찬이 될 수 없으며, 그날 저녁 무반응으로 대응하는 것 외에 달리 방법이 없던 여성에게 사회자라는 권위로 행사한 엄연한 미디어 권력 남용이었다.

"그녀의 가슴을 클로즈업해 주세요."는 "당신의 몸매를 이용할게요. 당신의 허락따윈 필요 없어요." 란 이런 의미이다.

브루노 베스파는 자신의 말은 '선한 의도가 담긴 칭찬'이었다고 주장하며 비판한 사람들에게 '유머 감각'이 부족하다고 지적했다. 감독에게 여성의 가슴을 비춰달라고 요구한 것이 어떻게 유머일 수 있는지 이해되지 않는다. 나는 공영 방송에서 벌어진 그의 행동을 지적하는 비난이 쏟아져 나오기를 기대했다. 그러나 헛된 일일 뿐이었다. 베스파의 발언이 칭찬이 아닌 권력 행위라고 용기 있게 말한 사람은 가드 러너뿐이었다. 반면에 선한 의도가 분명하다며 베스파를 옹호하는 목소리가 여기저기에서 쏟아져 나왔다. 그를 옹호하는 핑계가 얼마나 심각하고 무의미한지 형언할 수 없는 수준이었다. 당시에는 '미투 metoo' 폭로라는 것이 없었지만, 최근에 이런 일이 있었더라면 뭇매를 피하지 못했을 것이다. 클라우디오 사벨리 피오레티가 이탈리아 일간지 《코리에레 델라 세라》의 여성 주간지 《이오 돈나》에서 했던 인터뷰 내용이 떠오른다.

"젊은 여성이 목이 깊게 파인 드레스를 입고 공개 석상에 나타난다면 주목받거나 환호해 주길 바라는 거 아닌가요? 그리고 사회자가 적극적으로 감탄을 표하면 무례한 행동일까요, 아니면 젊은 여성의 의도를 잘 파악한 걸까요?"

그녀가 자초한 일이라는 식의 논리가 아발로네에게도 적용되었다는 사실이 실로 충격적이다. 성폭행이나 성적 학대의 원인을 피해자에게 전가하는 것과 같은 원리다. 목이 깊게 파인 드레스를 입고 공개석상에 등장하는 것 자체를 가슴을 봐도 좋다는 자연스러운 허락의 의미로 생각한다면, 더 나아가 가슴을 만져도 된다는 착각으로까지 이어질 수 있다. 두 경우 모두 행위의 본질을 결정하는 주체가 그런 일을 당하는 사람이 아니라, 상대가 도발했다고 착각하고 경거망동하는 사람이다. 이런 식이라면 원치 않는 관심을 피할 유일한 방법은 부르카[45]를 입는 것이다.

신문이나 웹사이트, 이탈리아 TV 채널에 칼럼을 기고하는 이성애자 남성들은 여성의 신체 노출 정도가 문제가 아니라 여성의 신체를 성애화하는 남성들의 시선이 문제라는 것을 전혀 모르는 것 같다. 만약 당신의 머리가 소총처럼 생겼다면 눈앞에 있는 것은 전부 표적으로 보일 것이다. 이 나라에는 소총 모양의 머리를 가진 사람이 참 많은 것 같다.

이러한 실수는 욕망보다는 권력과 관련이 깊다. 당사자가 힘이 없거나 대응할 수 없는 상태라면 원치 않는 성적 관심을 더욱 노골적으로 드러낸다. 2010년 캄피엘로 시상식에는 이탈리아경제인연합회 회장인 엠마 마르체갈리아도 시상을 위해 참석했다. 그녀가 입었던 파란색 미니 드레스는 실비아 아발로네의 의상만큼 가슴 부분이 드러났지만, 베스파를 비롯해 아무도 이탈리아 산업계의 실세인 그녀의 가슴을 카메라로 비춰달라고 말하지 못했다.

실비아 아발로네가 시상식 직후 의도치 않은 관심에 대한

---

45 이슬람 여성들의 전통 복식 중 하나로, 눈 부위의 망사를 제외하고 머리부터 발목까지 덮는 의상이다.

심경을 밝혔다. 사벨리 피오레티가 사건에 대해 누구보다 책임 의식을 가져야 할 사람은 아발로네 본인이라고 말한 이후였다.

"이런 일이 일어났을 때 여자로서 어떻게 대처해야 하는지 배웠어요. 배운 대로 꿋꿋이 행동할 거예요."

배운 대로 일을 키우고 싶지 않지만, 그래도 반복된다면 어떻게 해야 할까? 아무 일도 없었던 것처럼 행동해야 한다. 어릴 때부터 원치 않는 관심에는 이렇게 대처하라고 배웠으니까. 불쾌한 행동에도 불구하고 우리는 그들보다 나은 사람이 되라고, 웃으며 무시하고 어떠한 대응도 하지 말라고 스스로 다독인다. 어차피 지는 싸움이기 때문이다. 대응이 무의미하다는 게 일반적인 인식이다. 이해가 가는 바이긴 하다. 남성들의 감정 표출의 표적이 되지 않기 위해서는 대응해야 할 부분이 한두 개가 아니니 상당한 에너지 소비가 뒤따른다. 대항하고자 하는 사람은 상대가 누구든 일상이 전쟁터로 변할 위험이 있다. 당신에게 윽박지르는 벽돌공부터 매일 아침 커피 머신 앞에서 이중적 의미가 담긴 농담을 해대는 동료에 이르기까지 넘어서야 할 산이 많다. 당신은 항의할 때마다 공격적인 조롱을 받는다. "당신은 웃을 줄 몰라." "유머 감각이라곤 없어." "칭찬인 거 몰라." "아름답다고 말하는 게 불만이야?" "대체 뭐가 문제야." "매력을 알아주면 좋은 거잖아." "이러려고 그런 옷을 입고 미용실에 가고

화장하는 거 아니야?" "당신이 원하는 게 남자들의 시선 아니냐고?" "이런 반응이 없으면 실망할 거 아니야. 당신을 갈망하는 레이더망이 사라지면 그땐 아쉬울 텐데."

"칭찬한 거야."라는 말은 여성은 남성에게 욕망의 대상이며 여성 스스로가 성적 매력을 인정받기를 원한다는 확신을 전제하고 있다. "욕망이 곧 힘이다."라는 속담과 반대로 욕망의 대상이 되는 것이 힘이라고 설득한다. 하지만 이건 속임수이다. 무언가를 바라는 행위는 우리를 능동적 주체가 되도록 이끌고, 선택은 받는 것이 아니라 행하는 것이라는 깨달음을 준다. 뜻이 있는 곳에 길이 있다. 항상 "나는 원해."가 아니라 "나를 선택해 줘."라고 말하는 것은 잘못된 길로 들어서는 것이다. 수동적인 욕망의 존재가 되는 것밖에 할 줄 모르는 사람은 자기 본연의 모습을 버리고 타인이 원하는 모습으로 살아가기로 작정한 것이나 다름없다. 연인이 자신을 알아봐 주기를 "가만히 기다려요."[46]라고 한 미나[47]의 노래 속 여성처럼 말이다. 사랑의 포로가 된 이들은 "저는 당신이 원하는 그 모습 그대로예요."라고 말한다.

---

46  *Sono come tu mi vuoi* (Antonio Amurri - Bruno Canfora). Editore originale: Curci Edizioni Srl.
47  1960년대 중반에서 1970년대 중반까지 활동한 이탈리아의 대중음악 가수다.

많은 여성이 주변 사람들에게 아름답다는 말을 듣거나 소셜 네트워크에서 '좋아요'를 받을 때에만 자신이 아름답다고 생각하는 현상이 바로 이런 교육의 결과이다. 모든 공공 영역에서 여성에 대한 성적 매력 평가가 계속되고 있다. 심지어 전혀 상관없는 상황에서도 지속해서 나타난다. 실비오 베를루스코니가 앙겔라 메르켈에게 "성적 매력 없는 비계 궁둥이."라고 언급한 것부터 신문에서 '가장 섹시한 여성 장관' 투표를 진행한 설문 조사에 이르기까지 모든 여성을 아우르는 하나의 보편적이고 변하지 않는 판단 기준이 있다는 생각이 이 사회에 깊이 뿌리내리고 있다. 이러한 논리에서 관심을 받는 것과 존재하는 것은 동일시된다. "네가 그러면 남자들이 널 쳐다보지도 않을 거야."라는 말은 세대를 초월해 우리의 마음속에 일종의 신비로운 눈을 심어 놓는 주문과 같다. 남성이 평가하는 대로 우리 자신을 생각하게 될지도 모른다.

이 밖에도 남성의 욕망을 능동적인 것으로 여성의 욕망을 수동적인 것으로 정의하고 대조시키는 오류는 가부장제 문화에서 나타나는 심각한 문제를 수면 위로 끌어올린다. 동의의 무의미함이 그것이다. 욕망의 존재가 되는 것이 모든 여성의 주된 관심사라 판단하는 것은 여성의 행동 의지를 완전히 무가치하게 만드는 짓이다. 위의 판단이 사실이라면 목이 깊게 파인 드레스는 가슴을 쳐다봐도 된다는 동의의 표시가 된다. 짧은 치마는 다리를 봐도 된다는 뜻이고 립스틱은 갑자기 키스해도 된다는 뜻이다. 스키니진은 버스에서 엉덩이를 만져도 된다는 뜻이고 거리를 걷는 것은 희롱 섞인 휘파람을 환영한다는 뜻이다. 파티에서 술을 마시는 것은 섹스할 의향이 있다는 뜻이 된다. 여성에게는 동의를 구할 필요가 전혀 없다. 여성은 존재하는 자체가 성(性)적 유혹을 허락한다는 뜻이니까. 이러한 사고 체계를 일컬어 '강간 문화'라고 한다. 우리는 일상에서 벌어지는 수많은 사건이 성폭행이라는 것을 알리기 위해 애쓰고 있다. 성폭행은 의지에 반하는 강제 행위이다. 이른바 칭찬이라고 하는 행위를 강간 문화로 인식하기 어려웠던 이유는 여성의 동의가 있었다는 가정이 항상 전제되었기 때문이다. 1975년 〈강간 문화〉라는 제목의 다큐멘터리 영화에서 이와 같은 용어가 탄생했다. 부흐발트와 플레처, 로스는 강간 문화를 여성의 의지에 반하는 다양한 형태의 폭력이라 정의했다.

강간 문화는 남성의 성적 공격성을 조장하고 여성 폭력을 지지하는 일종의 신념이다. 폭력이 섹시한 것으로 여겨지고 성욕이 폭력적으로 발현되는 사회에서 나타난다. 강간 문화에서 여성은 성적 발언에서부터 신체적 성희롱, 강간에 이르기까지

위협적인 폭력 행위에 지속해서 노출되어 있다. 강간 문화는 여성에 대한 신체적, 정서적 테러를 '정상'으로 규정한다. 강간 문화에서 남녀 모두는 성폭력을 죽음이나 세금과 같이 피할 수 없는 '삶의 일부'로 받아들인다.[48]

위의 정의가 얼마나 정확한지 일상 언어에서 언제든 확인할 수 있다. 언론이 성희롱을 보도하는 방식은 강간 문화에 속한다. 언어적 성희롱은 '칭찬'으로, 온라인 성희롱은 '섹스팅'으로, 스토킹은 '구애', 신체적 성희롱은 '토닥임', 성적 암시는 '농담' 그리고 보복성 성적 영상물 유포는 '하드코어 영화'라는 용어로 둔갑한다. 이 밖에도 집단 강간 영상을 '광란의 섹스의 밤'이라고 하고 성 학대자를 '사랑에 빠진 미치광이' 또는 '돈 조반니'라고 부르는 걸 알 수 있다.

강간 문화에는 여성이 '아니오'라고 말하면 아마 '그럴지도'라는 것을 의미하고 '아마도'라고 대답하면 '알겠어요'라는 뜻으로 넘겨짚는 편견이 존재한다. 그렇기에 여성이 자기 의지대로 대답한다 해도 실효성이 없다. 이러한 문화에서 나고 자란 남성은

---

48  Emilie Buchwald, Pamela Fletcher e Martha Roth, *Transforming a Rape Culture*, Milkweed Editions, Minneapolis 1993.

행동 방식을 바꾸기 힘들고 자신의 행동이 부적절하다는 지적을 받으면 심한 충격에 빠진다. 방어기제도 즉각 발동한다.

"불쾌하게 할 생각은 아니었어, 그냥 칭찬으로 한 말이야."

성희롱할 의도가 없었다는 생각조차 그에게는 낯선 것이다. 남성이 "아슬아슬한 수위의 메시지를 보냈어."라고 할 때, 메시지를 받은 여성은 이렇게 생각한다. '성희롱 메시지를 받았어.' 누구 말이 맞을까? 행동의 본질은 누가 결정할까? 정답은 하나다. 메시지를 받은 사람이 결정한다.

동의를 구하는 게 당연한데, 따로 동의를 구할 필요 없이 암묵적인 동의가 있었다고 보는 사회에서 거절은 받아들이기 힘들며 공격성과 좌절을 촉발한다. 그런 관심은 원치 않는다고 말하면 한순간에 쌀쌀맞고 속물이며 건방지고 오만하고 교활하며, 우아함을 뽐내고 순진하게 행동하지만 남성을 흥분시키고는 바로 거절하는 천박한 여자가 되어 버린다. 저항하는 것은 쉽지 않다. 결국 나쁜 년은 당신이고 그는 칭찬의 말을 건넨 신사일 뿐이다.

칭찬이라는 말로 포장된 성희롱 표현은 셀 수 없이 많다. 자주 듣는 몇 가지 예를 살펴보자.

마지막으로 말하는데 차를 타고 가면서 칭찬의 말을 건네는 사람은 플레이보이가 아니라 당신의 신체에 대한 감상평을 할 권리가 있다고 믿는 낯선 사람이다. 더더군다나 당신이 요구한 적도 없는데 말이다. 차를 타고 가면서 휘파람을 부는 것은 칭찬이 아니라 '캣콜링'이다. 성희롱하는 사람을 '플레이보이', '구애자', '연인', '사랑에 빠진 사람', '마음을 사로잡는 사람', '정복자'라 부르며 로맨틱하게 미화하지 마라. 성폭력을 야한, 섹시한, 화끈한, 격렬한, 뜨거운, 격정적인, 거친, 열정적이라는 용어를 사용해 성적 매력으로 감싸지 마라. 동의를 구하는 행동이야말로 섹시한 것이다. 상대방의 의지와 상관없는 일방적인 욕망 표출은 여성을 먹잇감으로 생각하는 성적 공격이다. 루제리의 노랫말과 달리 여성들이 말하지 않는 것은 아무것도 없다. 새겨듣길 바란다.

---

49  *Quello che le donne non dicono* (Enrico Ruggeri - Luigi Schiavone). Editori originali: Universal Music Publishing Ricordi Srl e Warner Chappell Music Italiana Srl. 1980년대에 활동한 이탈리아의 가수 겸 작곡가 엔리코 루제리의 노래 〈여성들이 말하지 않는 것〉의 한 구절.

## 그냥좀웃어

엉덩이를 만지거나 성적인 농담을 한 것에 대해 불만을 표출했다고 해서 우리를 유머 감각이라곤 없는 내숭쟁이로 전락시키는 수법은 교활하고 고전적이다. 미소와 웃음은 가부장제에서 오랫동안 여성들의 종속 상태를 인정하고 순종하는 표시로 악용되었다. 강요된 미소는 말을 대신해, 여성을 병풍처럼 가만히 살게 만드는 고상한 방법이다. 항상 웃어라, 어여쁜 아이야, 행복한 세상에 살고 있는 듯이 웃어라, 웃지 않을 이유가 없잖니? 네가 원하는 건 전부 가졌잖아? 이 세상이야말로 네가 가장 행복하고 만족하며 살 수 있는 곳 아니겠어? 이제부터는 이러한 질문에 '아니오'라고 답해야 한다. 불편하게 접근해 오는 사람에게 미소를 허락하는 것은 모든 여성에 대한 성희롱을 정당화하는 것이다.

## 무슨 말을 못 하겠네

여성이 공격받았다거나 자존심이 상했다고 느끼지 않게 관심을 표현할 수 있었을 텐데 참으로 안타깝다. "가슴을 클로즈업해 주세요."라는 말 말고 여성에게 아름답다고 말할 방법이 분명 있을 것이다. 금요일 밤 거리에서 여성에게 캣콜링을 하며 다가가는 것보다 더 나은 방법도 있을 것이다. 일단 상황을 파악하는 법부터 배워야 한다. 회의 중에 여성 동료에게 "당신은 아름다워요."라고 말하는 것은 부적절하지만 편안한 식사 자리에서는 부드럽게 넘길 수 있다. 노벨상 시상식에서 "가슴이 아름답군요!"라고 말한다면 명백한 성희롱이지만, 함께 춤을 추러 간 여성에게 그렇게 말한다면 성희롱이 아닐 수 있다. 복잡한가? 지금까지 그렇게 할 필요가 없다고 생각한 사람에게는 복잡하게 느껴질지 모른다. 상황을 구분해야 하고 그걸 이제부터라도 배울 수 있다고 생각하면 감정을 자제하는 것이 중요하다는 것 또한 깨달을 것이다.

### 차라리 주목받지 않았으면 좋겠어?

질문이 애매모호하다. 지금껏 여러 번 언급했듯이 남성 우월주의는 언제나 이중적이면서 여성에게 양자택일의 두려움을 심어 준다. 그러면 여성은 평생 자신의 매력을 인정받지 못하고 살아도 괜찮을지 진지하게 생각하게 된다. 이런 질문에 휘말려서는 안 된다. 표적이 되거나 관심 밖에 머물러야 하는 양자택일만 있는 것이 아니라 중도도 존재한다. 남성들이 여성

을 성적 욕망의 대상으로 바라보지 않는 것이다. 여성을 향한
시선은 정중해야 하고 여성이 원하기 전까지는 표현하지 말아
야 한다.

# 그건 그냥 말일 뿐이잖아

책을 출간하기로 마음먹은 순간, 이런 무의미한 싸움을 뭐하러 하냐며 이의제기할 것이라 예상했다. 말꼬투리 잡는 것은 별 의미 없는 일이라고 하겠지만 내 생각은 달랐다. 용어를 과소평가하는 것은 최악의 실수이다. 무엇보다도 윤리적 비극으로 간주되는 의미론적 전쟁을 벌이고 있는 이 시대에 말이다. 일반적으로 윤리는 선과 악의 개념과 관련된 인간의 행동을 다루는 철학의 한 갈래지만, 일상생활에서 윤리적이라 하면 무엇보다 우리가 이름 붙인 것들을 있는 그대로의 모습으로 존중하는 것을 의미한다. 따라서 이름을 틀린다는 것은 도덕적 접근이 잘못되었고, 선(善)과 악(惡)을 구별하지 못한다는 의미이다. 우리는 오랫동안 여성들에게 이러한 실수를 되풀이하는 세상에 살고 있다. 그리고 매일 그 실수에서 비롯된 결과와 마주한다. 신체적 폭력, 임금 격차, 젠더 의학의 부재, 가사 노동 격차, 고용 차별을 비롯한 상당히 많은 불이익이 존재한다. 언어가 중요하지 않은 것 같지만 모든 것은 언어에서 시작한다. 우리가 현실을 명명하는 방법은 그 현실을 살아가는 방식이기도 하다.

# 감사의 말

올바른 말을 구별하는 유일한 방법은 말이 본래의 의미로 잘 사용되고 있는지 확인하는 것이라고 가르쳐 준 알레산드로 지암메이. 현재의 의미론적 비극에 대해 진지하게 고민하는 소수 중 한 명인 키아라 발레리오. 열성을 다해 다양한 표현을 함께 연구한 로렌초 테렌치. 줄리아 블라시, 마우라 간치타노, 이레네 파케리스, 제니퍼 구에라, 카를로타 바뇰리, 베라 게노 그리고 라돈나-아카소[50]와 페르첸투알레돈나[51]라는 닉네임으로

---

50  '한 여성'이라는 뜻으로 언론에서 능력이 뛰어난 여성들을 언급할 때 직위나 이름 대신 '한 여성'이라는 표현으로 통칭하는 성차별적 사례를 SNS상에 공유해 세상에 널리 알리는 활동을 한다. 〈당신 이름이 뭐라고요〉 참조.

51  '여성 비율'이라는 뜻으로 다양한 직군에서 여성이 차지하는 비율을 SNS상에 공유해 성평등을 촉구하는 활동을 한다.

활동하며 내 일에 영감을 불어넣고 힘을 실어 준 사람들 모두
에게 감사의 마음을 전합니다.

# 아직도
# 그런 말을 하세요?

**초판 1쇄 인쇄**    2022년 3월 2일
**초판 1쇄 발행**    2022년 3월 18일

**지은이**    미켈라 무르지아
**옮긴이**    최정윤
**펴낸이**    이범상
**펴낸곳**    (주)비전비엔피·비전코리아

**기획 편집**    이경원 차재호 김승희 김연희 고연경
　　　　　　박성아 최유진 황서연 김태은 박승연
**디자인**    최원영 이상재 한우리
**마케팅**    이성호 최은석 전상미 백지혜
**전자책**    김성화 김희정 이병준
**관리**    이다정

**주소**    우) 04034 서울특별시 마포구 잔다리로7길 12 (서교동)
**전화**    02) 338-2411 ┃ **팩스**    02) 338-2413
**홈페이지**    www.visionbp.co.kr
**인스타그램**    www.instagram.com/visioncorea
**포스트**    post.naver.com/visioncorea
**이메일**    visioncorea@naver.com
**원고투고**    editor@visionbp.co.kr

**등록번호**    제313-2005-224호

**ISBN**    978-89-6322-187-8    03330

도서에 대한 소식과 콘텐츠를
받아보고 싶으신가요?